"十四五"职业教育国家规划教材

U0656239

汽车维修技能基础

第 2 版

主　编　郭文龙　王闲平　胡　胜
副主编　黄耀明　余长戌　张志强
参　编　倪　朋　易　顺　熊陈军　张　强　黄恩德　谢志朝
主　审　王　菲

机械工业出版社

本书是"十四五"职业教育国家规划教材。

本书以汽车维修行业企业对人才能力的需求为出发点，以汽车维修需要的基本技能为主线，组织教材的编写内容，真正做到"学以致用"，理论联系实际，着重汽车维修基本技能的培养。

本书主要内容包括汽车维修概述、螺纹及螺纹紧固件的紧固、汽车维修常用工具的使用、汽车维修常用量具的使用、汽车维修常用检测工具与仪表的使用和汽车维修常用设备的使用。

本书可作为职业院校汽车类专业教材，也可作为在职人员培训用书，还可作为汽车维修自学爱好者用书。

为了便于学生自学和教师的教学，本书配有免费电子课件、工作页、相关动画视频和习题答案。另外，本书还嵌入了多个二维码，用手机扫一扫便可观看相关视频与动画。凡选用本书作为授课教材的教师，均可登录 www.cmpedu.com 以教师身份注册下载教学资源。咨询电话：010-88379201。

图书在版编目（CIP）数据

汽车维修技能基础／郭文龙，王闲平，胡胜主编.
2 版. -- 北京：机械工业出版社，2025. 6. --（"十四
五"职业教育国家规划教材）. -- ISBN 978-7-111
-78358-9

Ⅰ. U472. 4

中国国家版本馆 CIP 数据核字第 2025327LW7 号

机械工业出版社（北京市百万庄大街 22 号　邮政编码 100037）
策划编辑：于志伟　　　　　　责任编辑：于志伟
责任校对：曹若菲　宋　安　　封面设计：鞠　杨
责任印制：单爱军
北京瑞禾彩色印刷有限公司印刷
2025 年 6 月第 2 版第 1 次印刷
184mm×260mm · 10. 25 印张 · 256 千字
标准书号：ISBN 978-7-111-78358-9
定价：49.00 元（含工作页）

电话服务　　　　　　　　　　网络服务
客服电话：010-88361066　　机 工 官 网：www.cmpbook.com
　　　　　010-88379833　　机 工 官 博：weibo.com/cmp1952
　　　　　010-68326294　　金 书 网：www.golden-book.com
封底无防伪标均为盗版　　机工教育服务网：www.cmpedu.com

关于"十四五"职业教育
国家规划教材的出版说明

为贯彻落实《中共中央关于认真学习宣传贯彻党的二十大精神的决定》《习近平新时代中国特色社会主义思想进课程教材指南》《职业院校教材管理办法》等文件精神，机械工业出版社与教材编写团队一道，认真执行思政内容进教材、进课堂、进头脑要求，尊重教育规律，遵循学科特点，对教材内容进行了更新，着力落实以下要求：

1. 提升教材铸魂育人功能，培育、践行社会主义核心价值观，教育引导学生树立共产主义远大理想和中国特色社会主义共同理想，坚定"四个自信"，厚植爱国主义情怀，把爱国情、强国志、报国行自觉融入建设社会主义现代化强国、实现中华民族伟大复兴的奋斗之中。同时，弘扬中华优秀传统文化，深入开展宪法法治教育。

2. 注重科学思维方法训练和科学伦理教育，培养学生探索未知、追求真理、勇攀科学高峰的责任感和使命感；强化学生工程伦理教育，培养学生精益求精的大国工匠精神，激发学生科技报国的家国情怀和使命担当。加快构建中国特色哲学社会科学学科体系、学术体系、话语体系。帮助学生了解相关专业和行业领域的国家战略、法律法规和相关政策，引导学生深入社会实践、关注现实问题，培育学生经世济民、诚信服务、德法兼修的职业素养。

3. 教育引导学生深刻理解并自觉实践各行业的职业精神、职业规范，增强职业责任感，培养遵纪守法、爱岗敬业、无私奉献、诚实守信、公道办事、开拓创新的职业品格和行为习惯。

在此基础上，及时更新教材知识内容，体现产业发展的新技术、新工艺、新规范、新标准。加强教材数字化建设，丰富配套资源，形成可听、可视、可练、可互动的融媒体教材。

教材建设需要各方的共同努力，也欢迎相关教材使用院校的师生及时反馈意见和建议，我们将认真组织力量进行研究，在后续重印及再版时吸纳改进，不断推动高质量教材出版。

机械工业出版社

前　言

本书 2023 年被评为首批"十四五"职业教育国家规划教材,受到了广大职业院校师生一致的认可与好评。本次修订主要加入新能源汽车维修所需要的相关知识和基本技能。本书立足于真正做到"学以致用",理论联系实际,让学生"做中学,学中做"。书中还加入了与汽车维修有关的职场健康与安全内容,以便培养学生健康与安全方面的必备职业素养,为以后的职业生涯奠定良好的基础。本书图文并茂,深入浅出,并采用了大量的精美实物彩图。

本书内容的选择力求"精"而"细",以汽车维修企业通用或常用的工具、量具、设备、检测工具和仪表等知识为主要内容,让学生从"零基础"开始学习汽车维修需要的基本维修技能。在本书编写过程中,注意"以职业活动为导向,以能力为本位,以学生为中心",采用"理实一体化"的模式,具体框架为:学习目标—典型工作任务—知识准备—任务实施—巩固与提高。参加本书编写的人员,有来自教学一线的授课教师,还有来自汽车维修行业的维修专家,他们都具有丰富的教学及实践经验。

本书具有以下特色:

1. 教材知识通用或常用。本书选用的案例都是汽车维修企业机电维修工应必备的知识与技能,在维修中都是必不可少的,如千斤顶的使用、汽车故障诊断仪的使用、万用表的使用、各种扳手的选用等。

2. 教学资源丰富。配套教学资源丰富,呈现形式紧密服务教学内容和教学目的,信息技术应用适宜。在教材中嵌入了多个二维码视频与动画,把汽车维修所用的工量具、检测工具和仪表、设备等的使用方法与步骤,更加生动、形象地展现出来,以方便教师的教学和加深学生对相关知识的理解。

3. 书证融通。对标 1+X 证书,将职业技能等级标准有关内容及要求有机融入教材之中,推进书证融通、课证融通。

4. 配套单独的工作页。授课教师可通过工作页的填写情况,判断学生对学习内容的掌握程度。其中,教材中的"任务评价"需要教师根据评价标准给学生打分,工作页中的"评价反思"为学生自评和互评,最后由教师签字。

本书学时分配建议如下表:

项目	内　容	理论学时	实训学时	项目学时
一	汽车维修概述	2	4	6
二	螺纹及螺纹紧固件的紧固	3	2	5
三	汽车维修常用工具的使用	6	7	13
四	汽车维修常用量具的使用	4	4	8
五	汽车维修常用检测工具与仪表的使用	3	2	5
六	汽车维修常用设备的使用	5	6	11
总课时				48

　　本书由郭文龙、王闲平、胡胜担任主编，黄耀明、余长戍、张志强担任副主编，参加编写的还有倪朋、易顺、熊陈军、张强、黄恩德、谢志朝，全书由王菲担任主审。在编写过程中，重庆宝渝汽车销售服务有限公司机电维修技师周海龙负责本书典型工作任务的确定，重庆望江机械制造厂范钦德负责本书知识性方面的检查，在此表示衷心的感谢！

　　由于编者水平有限，书中难免有疏漏之处，希望使用本书的学校及老师们批评指正，提出宝贵意见和建议（编者邮箱 1872630618@qq.com），以便及时调整和补充。

编　者

目　录

汽车维修技能基础第 2 版工作页

项目一

汽车维修概述

学习目标

知识目标

1. 知道汽车维修的主要流程。
2. 熟悉汽车维修企业的 6S 管理。
3. 了解汽车维护和汽车修理的有关内容。

技能目标

能说出汽车维修的安全常识。

素养目标

安全意识和环保意识的培养。

典型工作任务

任务　了解汽车维修企业

知识准备

第一课　汽车维修流程及 6S 管理

一、汽车维修流程

汽车维修流程，如图 1-1 所示。

汽车维修主要流程如下：

1) 业务接待。
2) 车辆检验记录。
3) 确定维修项目。
4) 承托修双方签订维修合同。
5) 指令派工。
6) 材料领取修理作业。
7) 竣工车辆验收签发出厂合格证。
8) 用户结算。

9）建立车辆档案存档。

10）交车。

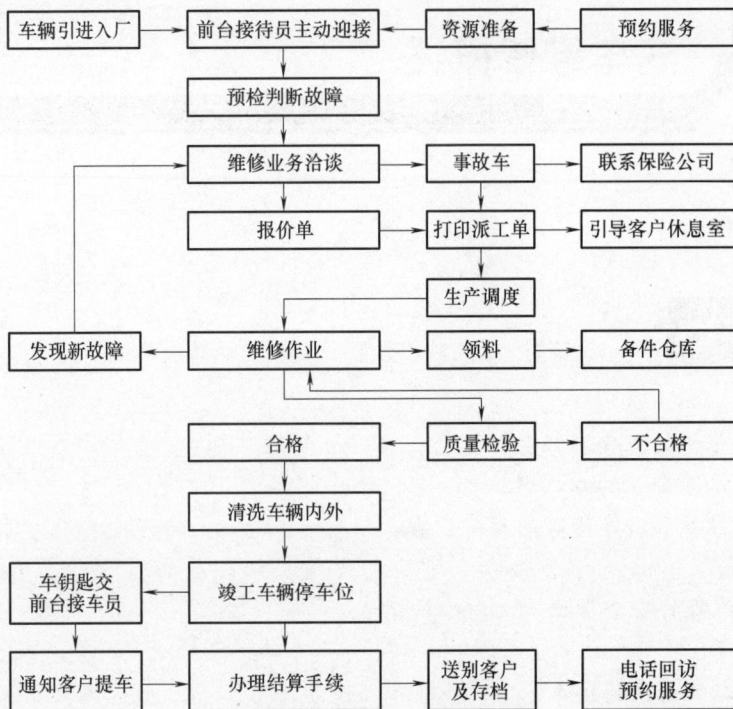

图 1-1　汽车维修流程

二、汽车维修企业 6S 管理

1. 6S 管理的内容

5S 是指整理（Seiri）、整顿（Seiton）、清扫（Seiso）、清洁（Seiketsu）、素养（Shitsuke）五个项目。5S 起源于日本，通过规范现场、现物，营造一目了然的工作环境，培养员工良好的工作习惯，其最终目的是提升人的素质。我国企业在引进这一管理模式时，加上了英文的"安全（Safety）"，因而称为"6S"现场管理法。

（1）整理　将工作场所的所有物品区分为有必要和没有必要的，除了有必要的留下来，其他的都消除掉。这是 6S 管理的第一步，如图 1-2 所示。

目的：腾出空间，空间活用，防止误用，营造清爽的工作场所。

（2）整顿　把留下来的必须用的物品依规定位置摆放，并放置整齐加以标示。它是提高效率的基础，如图 1-3 所示。

目的：工作场所一目了然，整整齐齐的工作环境，消除过多的积压物品，减少寻找物品的时间。

（3）清扫　将工作场所内看得见与看不见的地方清扫干净，保持工作场所干净、整洁，如图 1-4 所示。

目的：稳定品质，减少工业伤害。

（4）清洁　清洁是指将整理、整顿和清扫进行到底，并且制度化，经常保持环境处在美观的状态，如图 1-5 所示。

　　目的：维持3S（整理、整顿、清扫）推行的成果，监督员工按照检查表的要求对设备进行润滑、点检，对场地等进行清洁，保持好设备处于最佳工作状态，创造舒适明朗的工作环境。

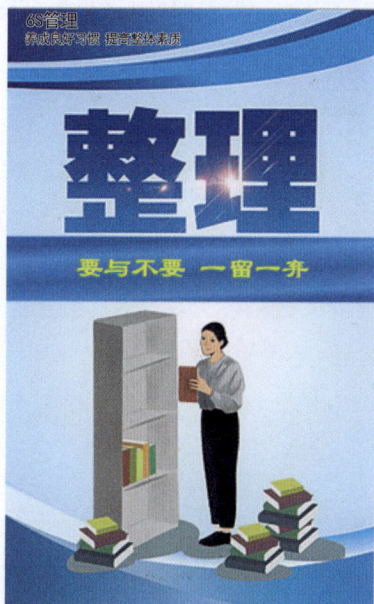

图1-2　整理

图1-3　整顿

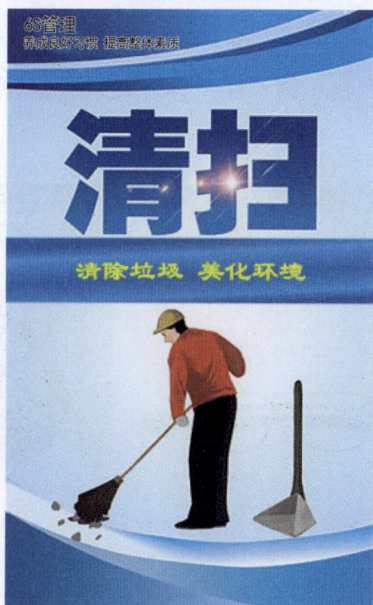

图1-4　清扫

图1-5　清洁

　　（5）素养　每位成员养成良好的习惯，并遵守规则做事，培养积极主动的精神（也称为习惯性）。它是6S管理的核心，如图1-6所示。

　　目的：培养有好习惯、遵守规则的员工，营造团队精神。

　　（6）安全　重视全员安全教育，每时每刻都有安全第一的观念，防患于未然。它是6S管理的基础，如图1-7所示。

　　目的：建立起安全生产的环境，使所有的工作建立在安全的前提下。

"6S" 之间彼此关联，整理、整顿、清扫是具体内容；清洁是指将上面 3S 实施的做法制度化、规范化，并贯彻执行及维持结果；素养是指培养每位员工养成良好的习惯，并遵守规则做事，开展 6S 容易，但长时间的维持必须靠素养的提升；安全是基础，要尊重生命，杜绝违章。

图 1-6　素养

图 1-7　安全

2. 6S 管理的作用

6S 管理的作用是现场管理规范化、日常工作部署化、物资摆放标识化、厂区管理整洁化、人员素养整齐化、安全管理常态化。

第二课　汽车维修安全常识

一、汽车维修个人的安全

1. 眼睛的防护

在汽车维修作业中，眼睛经常会受到各种伤害，如飞来的金属颗粒、飞溅的液体或火花等。保护眼睛的常见装备有护目镜和面罩，如图 1-8 所示。

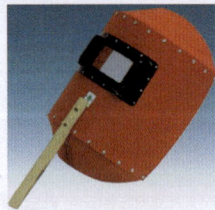
a) 护目镜　　　　b) 面罩
图 1-8　眼睛防护装备

职场健康与安全：
　　在摘下护目镜时，要闭上眼睛，以防止粘在护目镜外的金属颗粒掉进眼睛里。

2. 听觉的保护

汽车修理厂里的设备噪声有时很大，如冲击扳手、砂轮机和起动的发动机等。常见的听觉防护装备有耳罩和耳塞，噪声极高时可同时佩戴，如图 1-9 所示。

3. 手的保护

手的保护有两个方面：一是不要把手伸到危险的区域，如发动机前部旋转的传动带区域、发动机排气管道附近等；二是必要时戴上防护手套，如图 1-10a 所示。做金属加工戴劳保安全手套，接触化学品戴橡胶手套。新能源汽车维修工作业要戴绝缘手套，绝缘手套是一种用橡胶制成的五指手套，如图 1-10b 所示。

a) 耳罩　　b) 耳塞
图 1-9　听觉防护装备

a)　　b)
图 1-10　戴防护手套

4. 着装标准

在汽车维修作业中的着装标准，如图 1-11a 所示。一定要穿合体的工作服，最好是连体工作服。工作时不要戴手表或其他饰品，特别是金属饰物。长发很容易被卷入旋转的机器中，所以长发一定要扎起来，并戴上帽子。在厂内要穿劳保鞋，可以保护脚面不被落下的重物砸伤，且劳保鞋的鞋底是防油、防滑的。新能源汽车维修工作业要穿绝缘鞋，绝缘鞋是使用绝缘材料制成的一种安全鞋，如图 1-11b 所示。

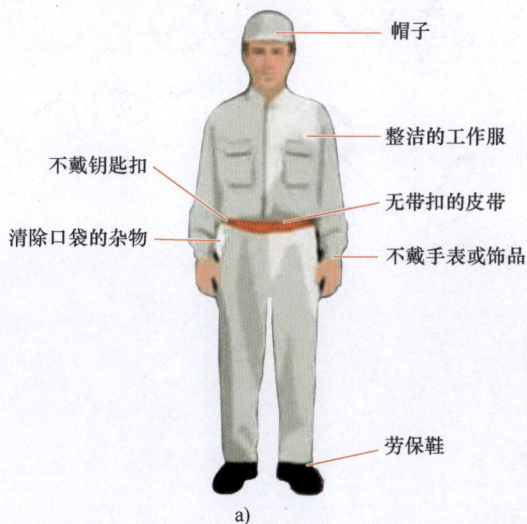

帽子
整洁的工作服
不戴钥匙扣
无带扣的皮带
清除口袋的杂物
不戴手表或饰品
劳保鞋
a)　　b)
图 1-11　着装标准

5. 安全帽

安全帽是一种个人头部防护用品，如图 1-12 所示。它能有效地防止和减轻操作人员在生产作业中遭受坠落物体或自己坠落时对人体头部的伤害，如果佩戴和使用不正确会导致安全帽在受到冲击时起不到防护作用。

6. 严禁吸烟和饮酒

汽车维修作业过程中严禁吸烟，吸烟只能在吸烟区，以免发生火灾，如图 1-13 所示。工作期间也严禁饮酒，这是因为饮酒后会使人反应变慢。

图 1-12　安全帽

图 1-13　车间外吸烟区

二、汽车维修工具的安全

1. 手动工具的安全

手动工具看起来是安全的，但使用不当也会导致安全事故的发生，如扳手从油腻的手中滑落，掉到旋转的机件上，可能飞出伤人；锤子的手柄安装不牢固，使用过程中锤头可能飞出伤人等。

2. 电动工具的安全

所有的电气设备都要使用三孔或四孔的插座，搭铁线要可靠搭铁，电缆若装配松动应及时维护，如图 1-14 所示；所有旋转的设备都应有安全罩，以减少发生部件飞出伤人的可能性，如图 1-15 所示。

图 1-14　用电安全

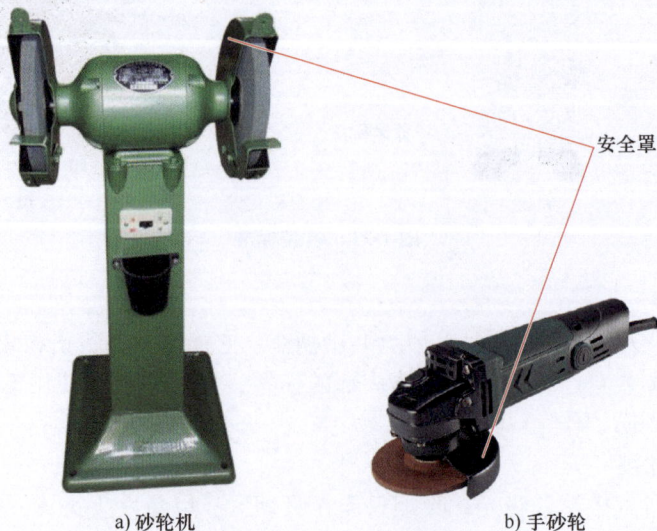

安全罩

a) 砂轮机　　　　　b) 手砂轮

图 1-15　砂轮机和手砂轮

3. 新能源汽车维修工具的安全

新能源汽车维修使用的扭力扳手、快速扳手和螺钉旋具等工具，必须装有耐压 1000V 以上的绝缘柄，如图 1-16 所示。

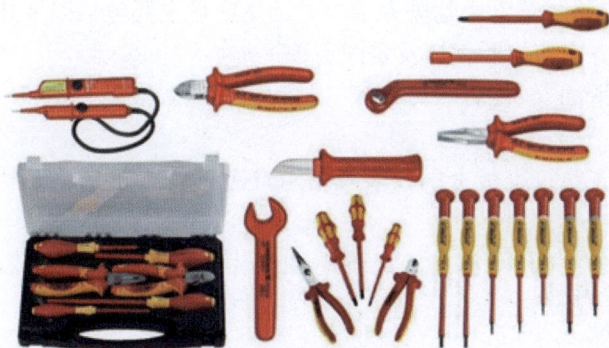

图 1-16 常用工具

三、汽车维修机件的安全

汽车维修过程中应严格执行"6S"规定，不但要做好个人的安全和工具的安全，还要做好维修过程中各种机件的安全。在进行电子系统维修时，应断开蓄电池的负极搭铁线，如图 1-17 所示。这不仅能保护人身安全，还能防止损坏电器。

如图 1-18 所示，把拆下的机器零件和不用的工具杂乱无章地放在蓄电池上面，这很容易造成零件丢失，还可能造成蓄电池短路。应按规定放置拆下的零件和暂时不用的工具。

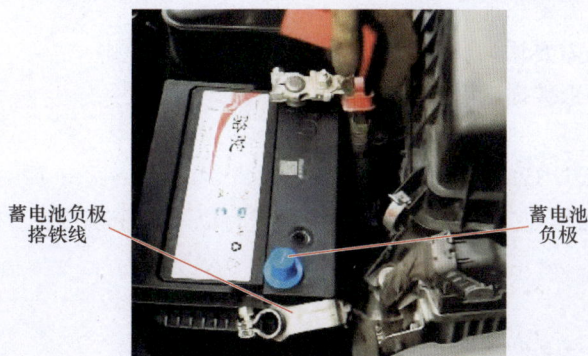

蓄电池负极
搭铁线

蓄电池
负极

图 1-17 断开蓄电池的负极搭铁线

图 1-18 零件和工具随处乱放

第三课 汽车维修介绍

汽车维修包括汽车维护和汽车修理两部分内容。汽车维护是指采用一定的护理方式来维持汽车的使用性能，以延长汽车的使用寿命。汽车修理是指对发生故障、机械事故的汽车，以及局部、整体使用性能已明显下降的汽车，按照技术规范实施作业，从而恢复汽车的技术性能。汽车维护相当于"保健"，汽车修理相当于"医治"。

一、汽车维护

汽车维护分为日常维护、定期维护和非定期维护等。

汽车维护的内容按作业性质的不同可分为清洁、检查、补给、润滑、紧固和调整等。

1. 日常维护

日常维护是一种经常性的维护，主要包括出车前、行车中、收车后对汽车进行的清洁、补给和安全检查。日常维护通常由驾驶人承担，具体项目主要包括以下几项：

① 检查灯光是否齐全，轮胎气压及紧固是否正常。

② 检查燃油、润滑油（机油）、冷却液、制动液、电解液是否足量，是否有漏油、漏水、漏气和漏电现象。

③ 起动发动机，观察仪表板上的仪表及指示灯工作是否正常，发动机是否有异常响声，排气颜色是否正常。

除了要求汽车要时常保持清洁之外，还要通过出车前、行车中、收车后的检查，及时发现问题，及时解决，不留隐患。

2. 定期维护

定期维护根据汽车行驶里程或使用间隔时间来确定汽车的具体维修项目。定期维护的具体项目和周期，各种车辆的规定有所不同，应以该车使用说明书的规定为准。定期维护可分为一级维护、二级维护和三级维护等。定期维护的项目繁多，具有一定的技术难度，一般应在汽车 4S 店或修理厂进行。

1）一级维护。一级维护的周期一般为累计行驶 7500km 或者每 6 个月进行一次（其中之一到达即应进行一级维护）。除日常维护作业外，一级维护还应该进行以下作业项目：

a. 更换机油和机油滤清器。

b. 检查冷却液和制动液是否需要添加。

c. 检查变速器、驱动桥内的齿轮油是否需要添加。

d. 检查蓄电池的固定情况及电解液是否需要添加，必要时对蓄电池进行补液充电。

e. 检查万向节、伸缩节等处的防尘套是否破损，必要时更换。

f. 检查制动系统和转向系统的性能状况。

2）二级维护。二级维护的周期一般为累计行驶 15000km 或者每 12 个月进行一次（其中之一到达即应进行二级维护）。除一级维护的作业外，二级维护还应该进行以下作业项目：

a. 清洗或更换空气滤清器滤芯。

b. 清洁或更换火花塞。

c. 检查正时齿带、发电机传动带的松紧度，必要时进行调整。

d. 检查制动器摩擦片的厚度，必要时更换。

e. 检查轮胎的性能状况，对轮胎进行换位。

f. 检查冷却液、制动液、齿轮油和动力转向液压油，若已经变质应更换，数量不足应添加。

3）三级维护。三级维护的周期一般为累计行驶 30000km 或者每 24 个月进行一次（其中之一到达即应进行三级维护）。除二级维护的作业外，三级维护还应该进行以下作业项目：

a. 检查燃油胶管、制动系统软管、散热器胶管、正时齿带和发电机传动带等橡胶件是否老化变质，必要时更换。

b. 润滑和调整轮毂轴承。

c. 检查转向盘、离合器踏板、制动踏板和驻车制动手柄自由行程，必要时进行调整。

d. 检查悬架技术状况，校正车轮定位。

e. 紧固发动机、转向器、车桥和减振器等部位的固定螺栓。

f. 检查轮胎磨损情况，达到磨损极限的应更换。

g. 每行驶60000km更换自动变速器油及滤芯。

3. 非定期维护

非定期维护根据汽车的特殊情况来确定维护项目。非定期维护可分为走合维护、换季维护和停驶维护等。

1）走合维护。新车或大修后刚投入使用的汽车最初的使用阶段称为走合期，也称为磨合期。在走合期内，机件摩擦表面接触面积小，相对压力大，运转中脱落的金属颗粒会造成磨料磨损。由于配合间隙小，摩擦表面的温度也比较高。因此，在走合期内不仅要限速限载，而且在走合维护方面也有一些特殊的要求。

2）换季维护。换季维护是根据季节变化有针对性地对汽车进行的维护。在冬季、夏季气温相差悬殊的地区，冬季和夏季对汽车的冷却、润滑、燃料及设备等方面有不同的要求。全年最低气温在-10℃以下的地区，在入冬和入夏时，应该对汽车进行换季维护。

入冬维护一般选择在秋末冬初的时候进行，主要是为了使车辆适应冬季低气温条件下的运行。入冬维护的项目主要有以下几个方面：

a. 加注防冻液或检查防冻液是否变质；检查百叶窗的操纵是否灵活，是否能关闭严密。

b. 清洗燃油系统，排除积水，以免油路结冰。

c. 将空气供给装置的冷、暖进气阀置于冬季的位置。

d. 清洁火花塞，并适当调小火花塞间隙。

e. 清洁蓄电池，适当调高电解液密度，并对蓄电池进行补充充电。

f. 检查暖风装置的操纵及供暖情况，注意是否有漏水现象。

g. 将发动机和底盘各总成的机油排净换为冬季机油。

入夏维护一般选择在春季末夏初的时候进行，主要是为了使车辆适应夏季高温条件下的运行。入夏维护的项目主要有以下几个方面：

a. 清除冷却系统的水垢，疏通散热器芯管，清除散热器散热片附着的污物。

b. 将发动机、变速器和驱动桥等总成换成夏季机油。

c. 清洗燃料系统，将空气供给装置的冷、暖进气阀置于夏季位置。

d. 清洁蓄电池，疏通加液塞上的通气孔，适当调低电解液密度。

e. 适当调大火花塞间隙。

3）停驶维护。车辆在一定时期内停止使用，其技术状况会发生一些变化，尤其是对于露天存放的汽车，在停止使用期间，更应该采取一些维护措施。

二、汽车修理

1. 汽车修理的种类

汽车修理按照作业范围可分为汽车大修、总成大修和汽车小修等。

（1）汽车大修　汽车大修是指对整车性能难以满足使用要求的汽车全面实施作业，恢复汽车原有的动力性、经济性、可靠性和环保性，使整车达到技术标准规定的要求。

汽车大修的送修标志，客车以车厢和发动机接近或达到使用极限为标志，货车以发动机和车架接近或达到使用极限为标志。

（2）总成大修　总成大修是指对汽车上某个已严重损坏或难以满足使用性能的总成进行彻底修复，使其性能达到技术标准规定的要求。这里所说的总成主要是指发动机、变速器、分动器、车桥和车身（客车、货车）等较大的总成或组合件。

（3）汽车小修　汽车小修主要是指排除车辆运行中发生的临时故障和发现的隐患及局部损伤。

2. 汽车大修及总成大修的送修要求

为了便于汽车修理工作的顺利实施，汽车在送修时应满足以下要求：

1）除肇事或长期停驶等特殊情况外，送修汽车应为运行状态进厂，送修总成应为装合状态。

2）除少数通用机件外，送修车辆或总成应装备齐全，零件、总成不得缺少或拆换。

3）送修车辆必须配齐轮胎，并充足气压。

4）随车工具及备用品、不属于汽车附件的物品由送修者自行保管。

 任务实施

任务　了解汽车维修企业

1. 任务目的描述

1）通过参观汽车维修企业，知道汽车维修的主要流程及6S管理。

2）通过参观汽车维修企业，能说出汽车维修的安全常识。

3）通过参观汽车维修企业，了解汽车维护和汽车修理的有关内容。

2. 任务准备

1）知识准备。

完成项目一汽车维修概述的学习。

2）设备准备。

汽车维修厂。

3. 任务步骤

1）老师先向学生介绍将要参观的汽车维修厂的情况，比如企业资质和企业的管理制度等。

2）学生实地参观，并完成《汽车维修技能基础工作页》相应部分内容的填写。

参观内容包括汽车维修主要流程、企业管理制度、汽车维修安全常识、汽车维护内容和汽车修理内容。

4. 任务评价

任务评价内容及标准见表1-1。

表1-1　任务评价内容及标准

序号	参观项目	内　　容	分值	评　分　标　准	得分
1	汽车维修主要流程		18分	内容不全扣1~18分	
2	企业管理制度		18分	内容不全扣1~18分	
3	汽车维修安全常识		18分	内容不全扣1~18分	

（续）

序号	参观项目	内　　容	分值	评 分 标 准	得分
4	汽车维护		18分	内容不全扣1~18分	
5	汽车修理		18分	内容不全扣1~18分	
6	完成时间	160min	5分	未完成参观内容扣1~5分	
7	安全文明	无安全隐患，无不文明操作	5分	未达标扣1~5分	
	总分		100分		

巩固与提高

一、填空题

1. 汽车维修企业6S管理的内容是＿＿＿＿＿、＿＿＿＿＿、＿＿＿＿＿、＿＿＿＿＿、＿＿＿＿＿和＿＿＿＿＿。

2. 常见的听觉防护装备有＿＿＿＿＿和＿＿＿＿＿。

3. 汽车维修包括＿＿＿＿＿和＿＿＿＿＿两部分内容。

4. 汽车维护分为＿＿＿＿＿、＿＿＿＿＿和＿＿＿＿＿等。

5. 汽车修理按照作业范围可分为＿＿＿＿＿、＿＿＿＿＿和＿＿＿＿＿等。

二、判断题

1. 汽车维修企业6S管理会增加企业成本。　　　　　　　　　　　　　　　（　　）

2. 汽车维修企业6S管理中清扫和清洁的含义是不一样的。　　　　　　　　（　　）

3. 汽车维修作业必须每时每刻都戴上防护手套。　　　　　　　　　　　　（　　）

4. 汽车维修作业允许戴手表等金属饰物。　　　　　　　　　　　　　　　（　　）

5. 汽车日常维护通常由驾驶人承担。　　　　　　　　　　　　　　　　　（　　）

三、单项选择题

1. 汽车维修企业6S管理的第一步是（　　　）。

A. 整顿　　　　　　　　B. 整理　　　　　　　　C. 清扫　　　　　　　　D. 清洁

2. 汽车维修企业6S管理的核心是（　　　）。

A. 清扫　　　　　　　　B. 清洁　　　　　　　　C. 素养　　　　　　　　D. 安全

3. 常见保护眼睛的装备是（　　　）。

A. 耳罩　　　　　　　　B. 耳塞　　　　　　　　C. 防护手套　　　　　　D. 护目镜

4. 以下不属于汽车发动机定期维护的是（　　　）。

A. 日常维护　　　　　　B. 一级维护　　　　　　C. 二级维护　　　　　　D. 三级维护

四、简答题

1. 简述汽车维修的主要流程。

2. 简述汽车维修企业6S管理的作用。

3. 汽车维修安全常识指的是哪三个方面的安全？

项目二

螺纹及螺纹紧固件的紧固

学习目标

知识目标

了解螺纹及螺纹紧固件的知识。

技能目标

1. 能识别汽车上的螺纹联接类型。
2. 能识别汽车上的螺纹联接防松措施。

素养目标

职业素养和标准化意识的培养。

典型工作任务

任务一　认识螺纹联接类型
任务二　掌握螺纹联接防松措施

知识准备

第一课　螺纹

一、螺纹的加工

在圆柱或圆锥外表面上形成的螺纹称为外螺纹，外螺纹可以在车床上加工，如图 2-1a 所示；在内表面上形成的螺纹称为内螺纹，内螺纹也可以在车床上加工，如图 2-1b 所示。若加工直径较小的内螺纹，可按图 2-1c 所示加工，先用钻头钻孔（由于钻头顶角为 118°，所以钻孔的底部按 120°简化画出），再用丝锥加工内螺纹。

二、螺纹的基本要素

1. 旋向

螺纹有左旋和右旋两种，判别方法如图 2-2 所示。汽车上常用的螺纹是右旋螺纹。

> **职场健康与安全：**
>
> 　　汽车左右轮胎紧固螺栓的螺纹旋向，有的相同有的相反，在拆装轮胎螺栓的过程中要特别注意。

2. 线数

螺纹有单线和多线之分。沿一条螺旋线形成的螺纹称为单线螺纹，沿两条或两条以上螺旋线形成的螺纹称为双线或多线螺纹，如图 2-3 所示。汽车上常用的是单线螺纹。

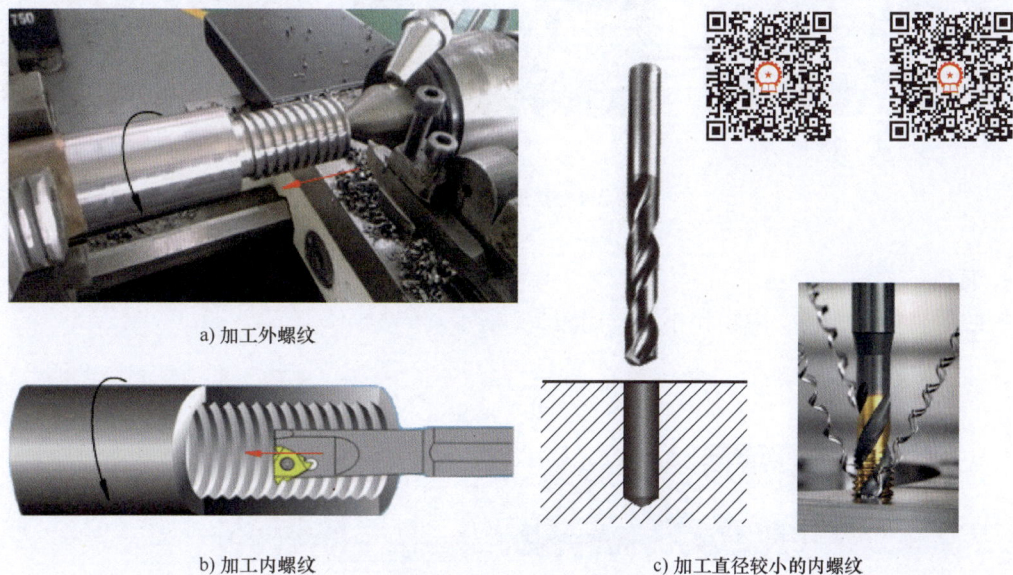

a) 加工外螺纹

b) 加工内螺纹

c) 加工直径较小的内螺纹

图 2-1 螺纹的加工方法

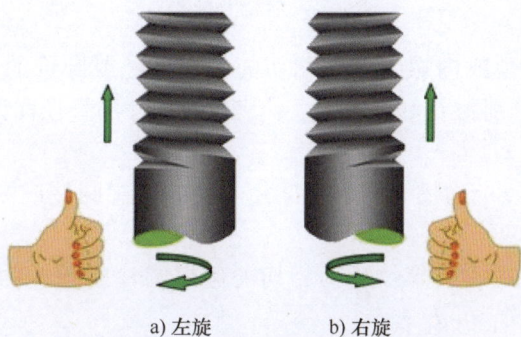

a) 左旋   b) 右旋

图 2-2 螺纹旋向的判别方法

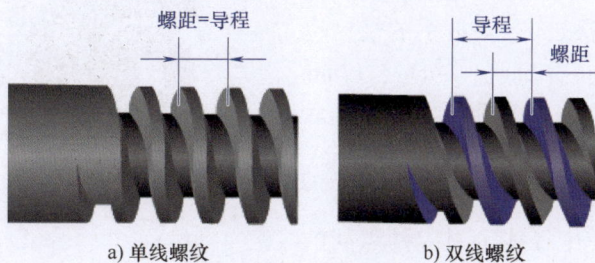

螺距=导程   导程   螺距

a) 单线螺纹   b) 双线螺纹

图 2-3 螺纹的线数

3. 牙型

通过螺纹轴线断面上的螺纹轮廓形状称为螺纹牙型。常见的螺纹牙型有三角形（也叫作普通螺纹，牙型角为 60°）、梯形（牙型角为 30°）、锯齿形和矩形，如图 2-4 所示。其中，矩形螺纹尚未标准化，其余牙型的螺纹均为标准螺纹。汽车上使用的螺纹牙型以三角形为主。

a) 三角形   b) 梯形   c) 锯齿形

图 2-4   常见的螺纹牙型

4. 直径

螺纹的直径有大径、中径和小径，如图 2-5 所示。

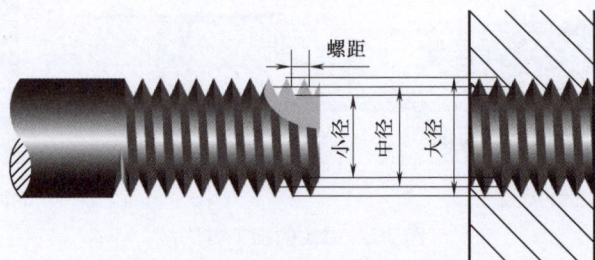

图 2-5   螺纹的直径

大径是指与外螺纹牙顶或内螺纹牙底相切的假想圆柱或圆锥的直径（即螺纹的最大直径），内、外螺纹的大径分别用 D 和 d 表示。代表螺纹尺寸的直径称为螺纹的公称直径，大径就是螺纹的公称直径。

中径是指母线通过牙型上沟槽和凸起宽度相等处的假想圆柱或圆锥的直径。内、外螺纹的中径分别用 D_2 和 d_2 表示。

小径是指与外螺纹牙底或内螺纹牙顶相切的假想圆柱或圆锥的直径，内、外螺纹的小径分别用 D_1 和 d_1 表示。

汽车维修中，螺栓和螺母的常用规格为 M6、M8、M10、M12、M14 等，规格中的数值指的是螺栓和螺母的螺纹大径。扳手的规格也习惯称为 8mm、10mm、12mm、14mm、17mm 等，规格中的数值指的是该扳手所拆装的正六边形平行边的间距，如图 2-6 所示。

图 2-6   扳手的规格

5. 螺距和导程

螺纹上相邻两牙在中径线上对应两点间的轴向距离称为螺距（P）；沿同一条螺旋线形成的螺纹，相邻两牙在中径线上对应两点间的轴向距离称为导程（P_h），如图 2-3 所示。对于单线螺纹，$P = P_h$；对于线数为 n 的多线螺纹，$P = nP_h$。

普通螺纹直径与螺距、基本尺寸见表 2-1。

表 2-1　普通螺纹直径与螺距、基本尺寸（摘自 GB/T 193—2003 和 GB/T 196—2003）

标记示例

公称直径为 24mm，螺距为 3mm，右旋粗牙普通螺纹，其标记为：M24

公称直径为 24mm，螺距为 1.5mm，左旋细牙普通螺纹，公差带代号为 7H，其标记为：M24×1.5-LH

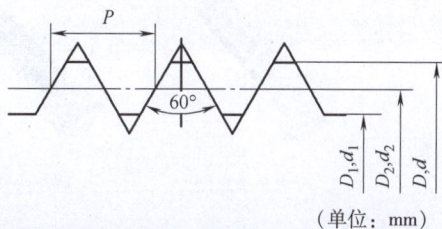

（单位：mm）

公称直径 D、d		螺距 P		公称直径 D、d		螺距 P	
第一系列	第二系列	粗牙	细牙	第一系列	第二系列	粗牙	细牙
3		0.5	0.35	16		2	1.5, 1
4		0.7	0.5		18		
5		0.8		20		2.5	2, 1.5, 1
6		1	0.75		22		
8		1.25	1, 0.75	24		3	2, 1.5, 1
10		1.5	1.25, 1, 0.75	30		3.5	(3), 2, 1.5, 1
12		1.75	1.25, 1	36			
	14	2	1.5, 1.25*, 1		39	4	3, 2, 1.5

注：应优先选用第一系列，括号内尺寸尽可能不用，带 * 号仅用于火花塞。

职场健康与安全：

内、外螺纹在配合时，只有当它们的旋向、线数、牙型、直径和螺距五个要素完全一致时，才能正常地旋合。

第二课　螺纹紧固件

一、螺纹紧固件的认识

常用的螺纹紧固件有螺栓、双头螺柱、螺母、垫圈和螺钉等，如图 2-7 所示。它们的结构和尺寸都已经标准化，使用时可从相应的标准中查出所需的结构尺寸。

二、螺纹联接

螺纹联接的基本类型有螺栓联接、双头螺柱联接、螺钉联接和紧定螺钉联接四种。

1. 螺栓联接

螺栓联接是将螺栓穿入两个零件的光孔，再套上垫圈，然后用螺母拧紧，图 2-8 所示为发动机连杆螺栓联接。螺栓联接适用于两个不太厚的零件和需要经常拆卸的场合。垫圈的作用是防止损伤零件的表面，并能增加支撑面积，使其受力均匀。

发动机连杆螺栓联接处不用任何垫圈，其防松措施是用扭力扳手按规定力矩拧紧即可，如图 2-9 所示。

a) 六角头螺栓　　b) 圆柱头开槽螺钉　　c) 内六角圆柱头螺钉　　d) 十字槽沉头螺钉

e) 无头开槽螺钉　　f) 内六角平端紧定螺钉　　g) 双头螺柱　　h) 六角螺母

i) 六角开槽螺母　　j) 圆螺母　　k) 平垫圈　　l) 弹簧垫圈

图 2-7　常用的螺纹紧固件

连杆螺栓

图 2-8　发动机连杆螺栓联接

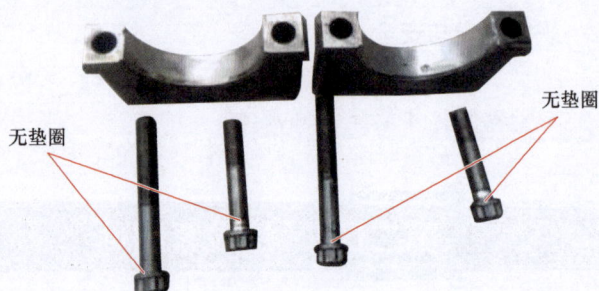

无垫圈

无垫圈

图 2-9　连杆螺栓

职场健康与安全：
　　连杆螺栓是一种专用螺栓，不可用普通螺栓代替。

2. 双头螺柱联接

双头螺柱联接是将双头螺柱一头拧入被联接件之一的螺孔，另一头穿过另一被联接件通孔，然后套上垫圈，拧紧螺母，图 2-10 所示为发动机气缸盖双头螺柱联接。双头螺柱联接常用在联接件之一太厚或不便装拆的场合。拆卸时，通常只需卸下螺母而不拆卸双头螺柱，以防多次装拆而损伤被联接件螺孔。

3. 螺钉联接

螺钉联接是使用螺钉穿过一个机件的通孔，拧紧在另一个机件的螺孔中，而使两机件联接在一起，图 2-11 所示为发动机摇臂轴螺钉联接。螺钉联接常用在联接件之一较厚，且不宜经常装拆的场合。

图 2-10　发动机气缸盖双头螺柱联接

图 2-11　发动机摇臂轴螺钉联接

4. 紧定螺钉联接

利用拧入零件螺孔中的螺纹末端顶住另一零件的表面或顶入另一零件上的凹坑中，以固定两个零件的相对位置。如图 2-12a 所示，游标卡尺上的紧固螺钉属于紧定螺钉联接，测量前先拧松游标紧固螺钉，测量好后拧紧紧固螺钉，以防止游标移动，然后读数。这种联接方式结构简单，有的可任意改变零件在周向或轴向的位置，以便调整。如图 2-12b 所示，发动机摇臂轴紧固螺钉也属于紧定螺钉联接，其目的是防止摇臂轴轴向窜动和周向旋转。

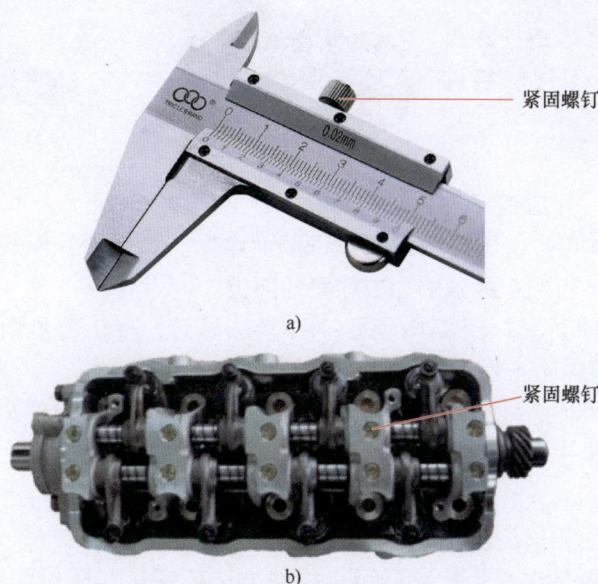

a)

b)

图 2-12　紧定螺钉联接

三、螺纹联接的防松

联接用的螺纹一般都有自锁能力，但在冲击、振动或变载荷作用下，以及在温度变化较大的场合，螺纹联接很容易发生松脱，为了确保联接可靠，必须采取有效可靠的防松措施。螺纹联接常用的防松方法，按其工作原理可分为摩擦防松、机械防松和永久防松（也称为不可拆卸防松）三种。

1. 摩擦防松

（1）双螺母防松　双螺母防松安装时先拧紧一个螺母，再拧紧另一个螺母，两螺母对顶拧紧后上下两螺母与螺栓螺纹接触面相反，使旋合螺纹间始终受到附加的压力和摩擦力的作用，如图2-13所示。工作载荷有变动时，该摩擦力仍然存在。双螺母防松结构简单，适用于平稳、低速和重载的固定装置的联接。

图 2-13　双螺母防松

（2）弹簧垫圈防松　弹簧垫圈防松装置使用了弹簧垫圈，如图2-14所示。拧紧螺母后弹簧垫圈被压平，弹簧垫圈会产生一个持续的弹力，使螺母与螺栓的螺纹联接副持续保持一个摩擦力，产生阻力矩，从而防止螺母松动。同时，弹簧垫圈开口处的尖角分别嵌入螺栓和被联接件表面，从而防止螺栓相对于被联接件回转。

图 2-14　弹簧垫圈防松

2. 机械防松

（1）开口销与带槽螺母防松　开口销穿过螺母的槽和螺栓末端的销孔，并将开口销尾部掰开与螺母侧面贴紧，将螺母和螺栓锁紧，如图2-15所示。这种防松方法可靠，可用于激烈的冲击和振动部位。

（2）止动垫圈防松　止动垫圈防松如图2-16所示。拧紧螺母后，将止动垫圈的耳边弯折，与零件及螺母的边缘紧贴，可以防止六角螺母或圆螺母回松。

（3）串联钢丝防松　串联钢丝防松是用钢丝穿过螺钉头部的小孔，利用钢丝牵制作用来防止回松，如图2-17所示。它适用于布置较紧凑的成组螺纹联接。

3. 永久防松

永久防松包括点焊法防松、铆接法防松和粘接法防松三种。

（1）点焊法防松　点焊法防松是在螺母拧紧后用点焊的方法把螺母和螺栓联接在一起，从而达到防松的目的。

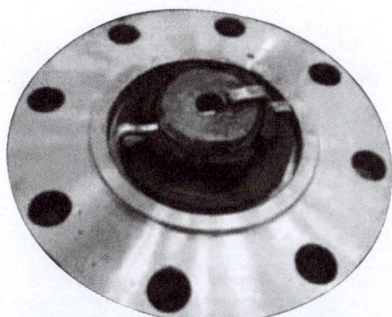

图 2-15　开口销与带槽螺母防松

图 2-16　止动垫圈防松

（2）铆接法防松　铆接法防松是在螺母拧紧后把螺栓末端伸出部分铆死，或利用冲头在螺栓末端与螺母的缝合处打冲，破坏螺纹副的正常啮合，达到防松效果。

（3）粘接法防松　粘接法防松是在螺纹或螺母与被联接件的接触面上涂以厌氧黏合剂（在没有氧气的情况下才能固化），拧紧螺母后，黏合剂硬化、固着，从而将螺母与被联接件的接触面或螺母与螺栓粘接在一起，以达到防松的目的，如图 2-18 所示。

图 2-17　串联钢丝防松

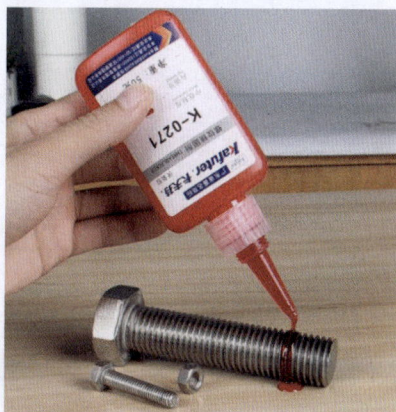

图 2-18　粘接法防松

任务实施

任务一　认识螺纹联接类型

1. 任务目的描述

1）能识别汽车上的螺纹联接类型，为后续拆装工具的选择及正确拆装打下基础。

2）能积极主动参与任务，能与小组成员团结协作，能执行实训室"6S"的规定。

2. 任务准备

1）知识准备。

完成项目二螺纹及螺纹紧固件的学习。

2）设备准备。

汽车。

3. 任务步骤

1）老师先向学生介绍螺纹联接的四种类型。

2）学生在汽车上查找螺纹联接的四种类型，并完成《汽车维修技能基础工作页》相应部分内容的填写。

4. 任务评价

任务评价内容及标准见表 2-2。

表 2-2　任务评价内容及标准

序号	项　目	汽车部位	分值	评分标准	得分
1	准备	清点工量具、清理工位	5 分	酌情扣分	
2	螺栓联接		40 分	未找全扣 1~40 分	
3	双头螺柱联接		10 分	未找全扣 1~10 分	
4	螺钉联接		10 分	未找全扣 1~10 分	
5	紧定螺钉联接		10 分	未找全扣 1~10 分	
6	完成时间	40min	10 分	超时 1~5min 扣 1~5 分，超时 5min 以上扣 10 分	
7	安全文明	无安全隐患，无不文明操作	5 分	未达标扣 1~5 分	
8	结束	工量具清洁归位	5 分	漏一项扣 1 分，未做扣 5 分	
		工作场地清洁	5 分	清洁不彻底扣 1~5 分，未做扣 5 分	
		总分	100 分		

任务二　掌握螺纹联接防松措施

1. 任务目的描述

1）能识别汽车上的螺纹联接防松措施，为正确拆装汽车打下基础。

2）能积极主动参与任务，能与小组成员团结协作，能执行实训室"6S"的规定。

2. 任务准备

1）知识准备。

完成项目二螺纹及螺纹紧固件的学习。

2）设备准备。

汽车。

3. 任务步骤

1）老师先向学生介绍螺纹联接的三种防松措施。

2）学生在汽车上查找螺纹联接的三种防松措施，并完成《汽车维修技能基础工作页》相应部分内容的填写。

4. 任务评价

任务评价内容及标准见表 2-3。

表 2-3　任务评价内容及标准

序号	项 目		汽车部位	分值	评分标准	得分
1	准备		清点工量具、清理工位	5分	酌情扣分	
2	摩擦防松	双螺母防松		5分	未找全扣 1~5 分	
		弹簧垫圈防松		35分	未找全扣 1~35 分	
3	机械防松	开口销与带槽螺母防松		5分	未找全扣 1~5 分	
		止动垫圈防松		5分	未找全扣 1~5 分	
		串联钢丝防松		5分	未找全扣 1~5 分	
4	永久防松	点焊法防松		5分	未找全扣 1~5 分	
		铆接法防松		5分	未找全扣 1~5 分	
		粘接法防松		5分	未找全扣 1~5 分	
5	完成时间		40min	10分	超时 1~5min 扣 1~5 分　超时 5min 以上扣 10 分	
6	安全文明		无安全隐患，无不文明操作	5分	未达标扣 1~5 分	
7	结束		工量具清洁归位	5分	漏一项扣 1 分，未做扣 5 分	
			工作场地清洁	5分	清洁不彻底扣 1~5 分，未做扣 5 分	
	总分			100分		

巩固与提高

一、填空题

1. 在圆柱或圆锥外表面上形成的螺纹称为＿＿＿＿＿，在内表面上形成的螺纹称为＿＿＿＿＿。

2. 螺纹的旋向有＿＿＿＿＿和＿＿＿＿＿两种，汽车上常用的螺纹旋向是＿＿＿＿＿，使用此旋向的螺栓或螺母＿＿＿＿＿方向转动是拧紧，＿＿＿＿＿方向转动是拧松。

3. 螺纹联接的基本类型有＿＿＿＿＿联接、＿＿＿＿＿联接、＿＿＿＿＿联接和＿＿＿＿＿联接四种。

4. 螺纹联接常用的防松方法可分为＿＿＿＿＿防松、＿＿＿＿＿防松和＿＿＿＿＿防松三种。

5. 永久防松有_____防松、_____防松和_____防松三种。

二、判断题

1. 汽车上常用的是单线螺纹。　　　　　　　　　　　　　　　　　　（　　）

2. 汽车上使用的螺纹牙型以梯形为主。　　　　　　　　　　　　　　（　　）

3. 游标卡尺上的紧固螺钉属于螺钉联接。　　　　　　　　　　　　　（　　）

4. 弹簧垫圈防松属于机械防松。　　　　　　　　　　　　　　　　　（　　）

5. 永久防松属于可拆卸防松。　　　　　　　　　　　　　　　　　　（　　）

三、单项选择题

1. 螺栓和螺母规格中的数值指的是螺栓和螺母螺纹的（　　）。

A. 大径　　　　　　B. 中径　　　　　　C. 小径　　　　　　D. 螺距

2. 扳手规格中的数值指的是该扳手所拆装正六边形（　　）。

A. 大径　　　　　　B. 中径　　　　　　C. 小径　　　　　　D. 平行边的间距

3. 公称直径为10mm的普通螺纹，螺距有1.5mm、1.25mm、1mm和0.75mm，则其粗牙螺距是（　　）。

A. 1.5mm　　　　　B. 1.25mm　　　　　C. 1mm　　　　　　D. 0.75mm

4. 发动机连杆采用的螺纹联接是（　　）。

A. 螺栓联接　　　　B. 双头螺柱联接　　C. 螺钉联接　　　　D. 紧定螺钉联接

5. 游标卡尺上的紧固螺钉属于（　　）。

A. 螺栓联接　　　　B. 双头螺柱联接　　C. 螺钉联接　　　　D. 紧定螺钉联接

四、简答题

举例说明螺纹联接的防松方法。

项目三

汽车维修常用工具的使用

知识目标

知道汽车维修常用工具的种类及使用方法。

技能目标

学会汽车维修常用工具的使用。

素养目标

树立正确的价值观，培养热爱劳动的习惯。

典型工作任务

任务一　拆装发动机机体组

任务二　拆装火花塞

任务三　更换机油滤清器

任务四　拆装发动机活塞环

任务五　拆装活塞连杆组

任务六　拆装气门组

任务七　加注润滑脂

知识准备

第一课　手工工具及使用方法

一、活扳手

活扳手的开口宽度可在一定尺寸范围内进行调节，能拧紧或松开不同规格的螺栓或螺母，使用起来很方便。活扳手规格以最大开口宽度和扳手长度表示，常用的规格有 19mm（6″）×150mm、24mm（8″）×200mm、30mm（10″）×250mm 和 36mm（12″）×300mm，图 3-1 所示为一个 36mm×300mm 的活扳手。

活扳手在使用时，要正确选用其规格，让固定钳口受主要作用力，如图 3-2 所示。扳手长度不可任意加长，以免拧紧力太大而损坏扳手、螺栓或螺母。

职场健康与安全:

　　活扳手钳口的一面可以活动,不太稳固,使用时容易滑脱,还容易造成螺栓或螺母圆角。所以在汽车维修中,尽量不要使用活扳手。

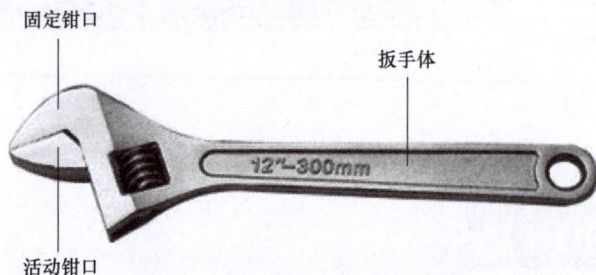

图 3-1　36mm×300mm 的活扳手

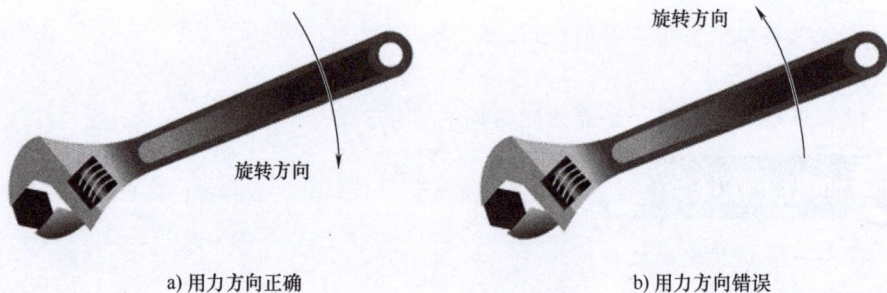

a) 用力方向正确　　　　b) 用力方向错误

图 3-2　活扳手用力方向

二、呆扳手

　　呆扳手的一端或两端制有固定尺寸的开口,用以拆装固定尺寸的螺栓或螺母,呆扳手按形状可分为单头呆扳手和双头呆扳手两种,如图3-3所示。呆扳手的规格是以钳口开口的宽度来表示的。呆扳手可以直接插入,使用较方便。

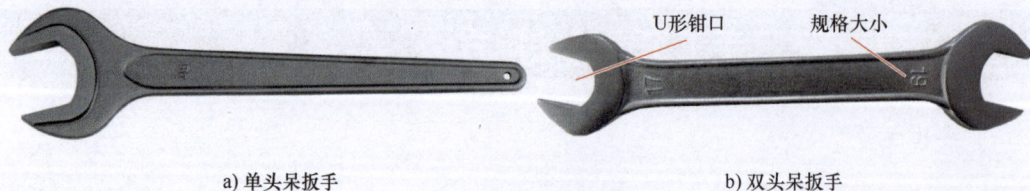

a) 单头呆扳手　　　　b) 双头呆扳手

图 3-3　呆扳手

职场健康与安全:

　　呆扳手在使用过程中与螺栓或螺母的接触只有两面,也容易造成螺栓或螺母圆角,在汽车维修中也尽量少用。

三、梅花扳手

梅花扳手两端具有带六角孔或十二角孔的工作端，如图 3-4 所示。梅花扳手可将螺栓或螺母的头部套住，作用力矩大，工作可靠，不易滑脱，适用于螺栓或螺母周围空间狭小的场合。

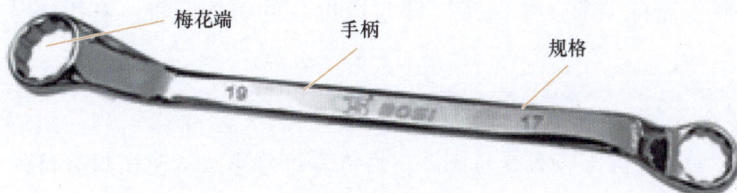

图 3-4　梅花扳手

四、两用扳手

两用扳手的一端与单头呆扳手相同，另一端与梅花扳手相同，两端拧转相同规格的螺栓或螺母，如图 3-5 所示。

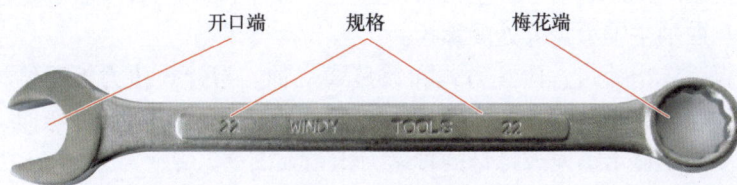

图 3-5　两用扳手

五、套筒扳手

套筒扳手内部的一端带六角孔或十二角孔；另一端有一个正方形的头孔，该头孔与接杆（或棘轮手柄、快速摇杆）相接，特别适用于拆装位置十分狭小或凹陷很深处的螺栓或螺母，如图 3-6 所示。

图 3-6　套筒扳手

接杆也称为延长杆或加长杆，安装在套筒和棘轮手柄（或快速摇杆）之间，用于拆装位置更深的螺栓或螺母。

棘轮手柄头部设计有棘轮装置，在不脱离套筒和螺栓（或螺母）的情况下，可实现快速单方向的转动。将锁紧机构手柄调到左边，可以单向顺时针拧紧螺栓或螺母；将锁紧机构手柄调到右边，可以单向逆时针松开螺栓或螺母。

快速摇杆主要用于快速拆下已经松开的螺栓或螺母，或者快速装上螺栓或螺母。使用快速摇杆时，左手握住摇杆端部，并保持摇杆与所拆装的螺栓同轴，右手握住摇杆弯曲部分，迅速旋转。

> **职场健康与安全：**
> ① 套筒扳手具有快速和高效的优点，在汽车维修中应尽量使用套筒扳手。
> ② 在拆装螺栓或螺母时，应按照"先套筒扳手，后梅花扳手，再呆扳手，最后活扳手"的原则进行选取。

六、扭力扳手

扭力扳手在拧转螺栓或螺母时，能显示出所施加的拧紧力矩；或者当施加的拧紧力矩到达规定值后，会发出光或声响信号。扭力扳手适用于对拧紧力矩大小有明确规定的装配工作，如气缸盖、连杆、曲轴主轴承盖等处的螺栓。

常用的扭力扳手有指针式、预置力式和数显式三种。指针式扭力扳手结构简单，它有一个刻度盘，当紧固螺栓或螺母时，扭力扳手的杆身在力的作用下会发生弯曲，这样就可以通过指针的偏转角度大小显示螺栓或螺母的拧紧力矩，如图 3-7 所示。

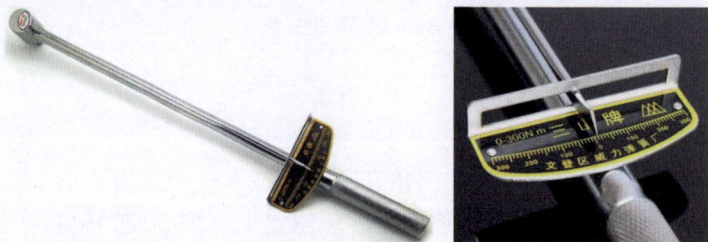

图 3-7　指针式扭力扳手

> **职场健康与安全：**
> 使用指针式扭力扳手时，应注意握住扳手与套筒连接处的那只手不要碰到指针杆，否则会造成读数不准。
> 预置力式扭力扳手可先预置设定力矩，当拧紧螺栓或螺母达到设定力矩时，扳手会发出警告声响，以提示用户，如图 3-8 所示。

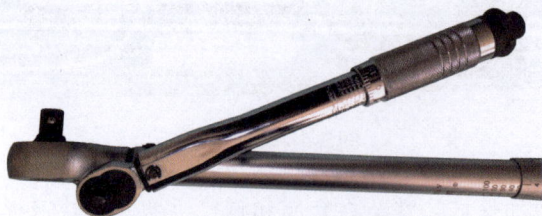

图 3-8　预置力式扭力扳手

职场健康与安全:

　　预置力式扭力扳手使用完后,应将力矩值设定到标尺最小处放置,以保持精度,延长使用寿命。

　　数显式扭力扳手扳头采用棘轮式,可快速双向使用,便于左、右旋螺纹的拆装,并双向显示记载数据,可保持峰值,如图3-9所示。其测量精度高,数值直观准确,性能稳定,操作方便。

图3-9　数显式扭力扳手

七、油管扳手

　　油管扳手是介于梅花扳手与呆扳手之间的一种扳手,集中了梅花扳手和呆扳手的优点,如图3-10所示。油管扳手有缺口,在管子上进退自如,使用方便,用于拆装油管外加的螺母。

图3-10　油管扳手

八、内六角扳手

　　内六角扳手是呈L形的六角棒状扳手,是专门用来拆装内六角螺钉的工具,如图3-11所示。内六角扳手的型号是按照六方的对边尺寸进行规定的,螺钉的尺寸遵循国家标准。使用内六角扳手时,可根据螺钉所处的位置和所需力矩的大小,将内六角扳手的任意一头插入六角孔内。

图 3-11　内六角扳手

职场健康与安全：
　　① 在使用扳手时，最好是拉动，而不要推动。若开始旋松必须推动时，也只能用手掌推动。拉的方向应同扳手成直角，才能获得最大的力矩。
　　② 扳手不能当作锤子、撬棒使用。
　　③ 扳手不能任意接长手柄（如套管子等）使用，以免折断扳手或损坏工件。

九、螺钉旋具

螺钉旋具主要用来拆装头部开槽的螺钉，常用的螺钉旋具有一字形螺钉旋具和十字形螺钉旋具两种，螺钉旋具柄部由木材或塑料制成，如图 3-12 所示。一字形螺钉旋具的型号表示为"刀头宽度×刀杆"，十字形螺钉旋具的型号表示为"刀头大小×刀杆"。

a) 柄部为木质的螺钉旋具

b) 柄部为塑料的螺钉旋具

图 3-12　螺钉旋具的类型

有的螺钉旋具的刀头是用硬度比较高的弹簧钢做的，硬而不脆，硬中有韧，如图 3-13 所示。

十、锤子

汽车维修通常使用的锤子是铁锤、塑料槌和橡胶槌，如图 3-14 所示。塑料槌和橡胶槌常用于汽车发动机大修，如拆装气缸盖，敲击缸盖部位而不会使其变形。铁锤常用于汽车底盘的维修。

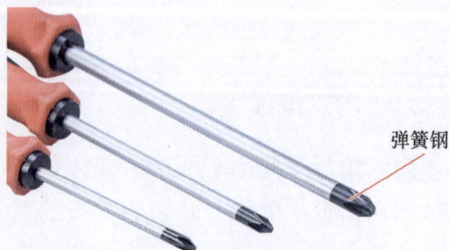

弹簧钢

图 3-13　弹簧钢螺钉旋具

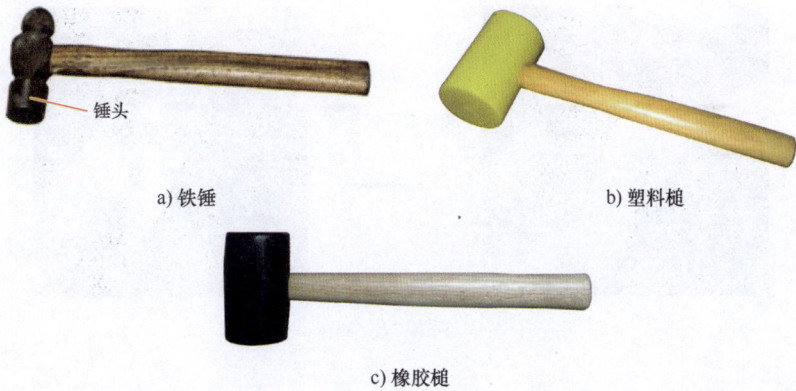

a) 铁锤　　　　　　　　　　　　　　　　b) 塑料槌

c) 橡胶槌

图 3-14　锤子

十一、钳子

汽车维修作业中常用的钳子有鲤鱼钳、钢丝钳、尖嘴钳和卡簧钳等，如图 3-15 所示。

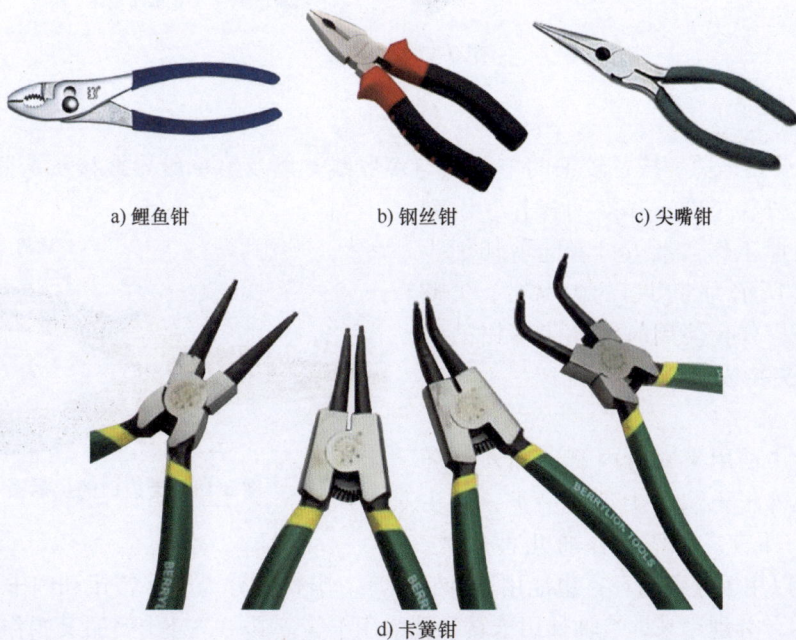

a) 鲤鱼钳　　　　　　　　b) 钢丝钳　　　　　　　　c) 尖嘴钳

d) 卡簧钳

图 3-15　常用钳子的类型

1. 鲤鱼钳

鲤鱼钳用来夹持圆形或扁形的物体，它有两档尺寸，可放大或缩小使用，如图 3-16 所示。

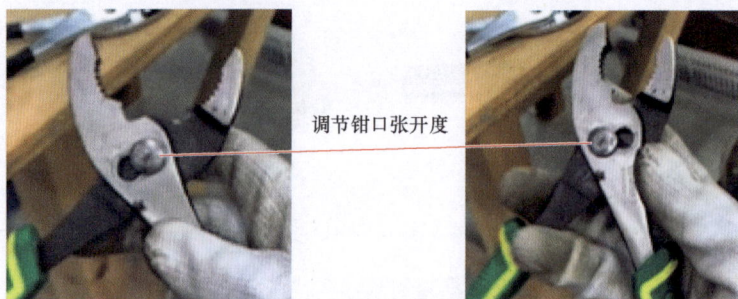

图 3-16　鲤鱼钳

2. 钢丝钳

钢丝钳用来夹持零件、紧固或拧松螺母及切断金属丝，如图 3-17 所示。

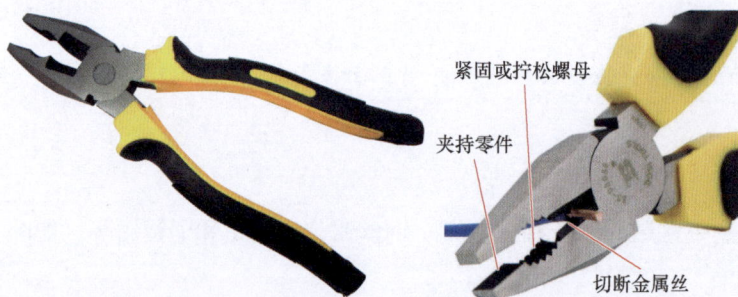

紧固或拧松螺母

夹持零件

切断金属丝

图 3-17　钢丝钳

3. 尖嘴钳

尖嘴钳主要用来剪切线径较细的单股线与多股线，以及给单股导线接头弯圈、剥塑料绝缘层等，能在较狭小的工作空间操作，不带刃口者只能夹捏工作，带刃口者能剪切细小零件，图 3-18 所示为带刃口的尖嘴钳。尖嘴钳一般用右手操作，使用时握住尖嘴钳的两个手柄，开始夹持或剪切工作。

尖头　　刃口　　　　　钳柄

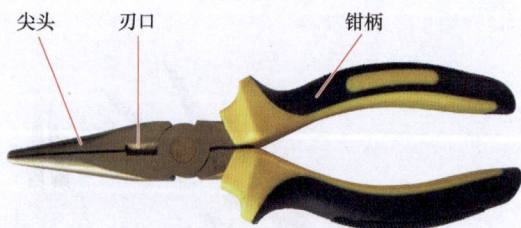

4. 卡簧钳

卡簧钳是一种用来安装内簧环和外簧环的专用工具，外形上属于尖嘴钳一类，钳头可采用内直、外直、内弯和外弯几种形式。

图 3-18　带刃口的尖嘴钳

卡簧钳不仅可以用于安装簧环，也能用于拆卸簧环。卡簧钳分为外卡簧钳和内卡簧钳两大类，如图 3-19 所示，分别用来拆装轴外用卡簧和孔内用卡簧。其中，外卡簧钳又叫作轴用卡簧钳，内卡簧钳又叫作孔用卡簧钳。

职场健康与安全：

① 尽可能不用钳子拆装螺栓或螺母，以免造成圆角。

② 不可把钳子当作锤子使用，以免损坏钳子。

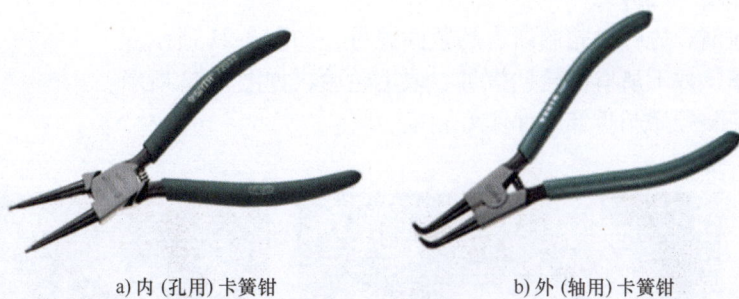

a) 内 (孔用) 卡簧钳   b) 外 (轴用) 卡簧钳

图 3-19 卡簧钳

第二课 专用工具及使用方法

一、轮胎套筒

轮胎套筒是用于拆装汽车轮胎的专用工具，如图 3-20 所示。

图 3-20 轮胎套筒

汽车轮胎的拆装步骤如下：

1) 轮胎离地前，先拧松轮胎所有的紧固螺母，如图 3-21 所示。

2) 举升汽车，拧下所有的轮胎螺母，取下轮胎，如图 3-22 所示。

3) 轮胎的安装顺序与拆卸顺序刚好相反。

图 3-21　轮胎离地前，先拧
松轮胎所有的紧固螺母

图 3-22　轮胎离地，拧下所有
的轮胎螺母，取下轮胎

二、火花塞套筒

火花塞套筒是用于手工拆装火花塞的专用工具，如图 3-23 所示。使用时，根据火花塞的装配位置和火花塞六角的尺寸，选用不同高度和径向尺寸的火花塞套筒。拆装火花塞时，应套正火花塞套筒再扳转，以免套筒滑脱。扳转火花塞套筒时，不准随意加长手柄，以免损坏套筒。

图 3-23　火花塞套筒

发动机火花塞的拆装步骤如下（以单缸独立点火系统为例）：

1) 拔下点火线圈上的线束插头，如图 3-24 所示。

2) 拆下点火线圈的紧固螺钉，如图 3-25 所示。

3) 取下点火线圈，如图 3-26 所示。

4) 用专用工具拆卸火花塞，如图 3-27 所示。

5) 火花塞的安装顺序与拆卸顺序相反。

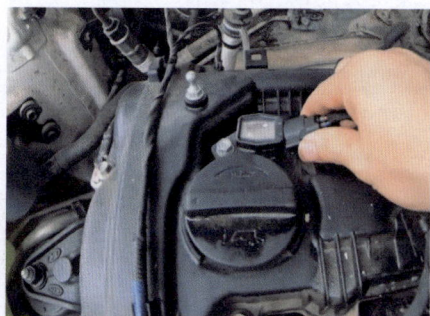

图 3-24　拔下点火线圈上的线束插头　　　　图 3-25　拆下点火线圈的紧固螺钉

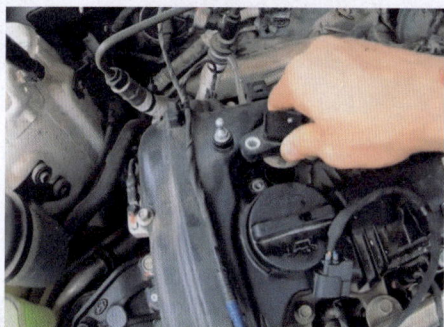

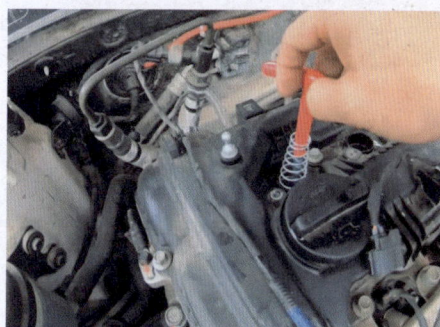

图 3-26　取下点火线圈　　　　图 3-27　用专用工具拆卸火花塞

三、机油滤清器扳手

机油滤清器扳手是用于拆装汽车机油滤清器的专用工具，如图 3-28 所示。在拆装机油滤清器时，应根据机油滤清器不同的拆装环境选用不同形状的机油滤清器扳手。

图 3-28　机油滤清器扳手

不论使用哪种形状的机油滤清器扳手，装夹的部位都相同，如图 3-29 所示。

更换机油滤清器的步骤如下：

1）举升汽车，用专用工具拆下旧的机油滤清器，如图 3-30 所示。

装夹部位

图 3-29　机油滤清器扳手装夹部位

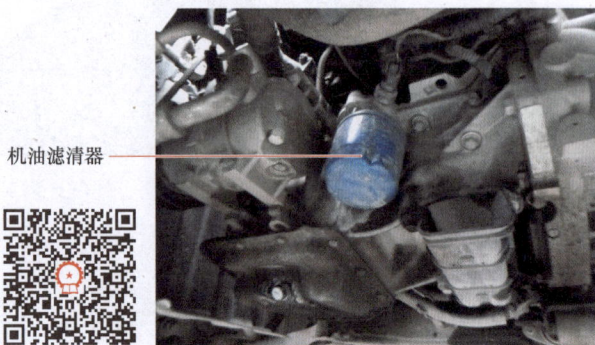

机油滤清器

图 3-30　拆下旧的机油滤清器

2）用清洗剂清洗机油滤清器的安装部位，如图 3-31 所示。

3）在新的机油滤清器橡胶密封圈上涂抹一层薄机油，如图 3-32 所示。

图 3-31　清洗机油滤清器的安装部位

图 3-32　在新机油滤清器橡胶
密封圈上涂抹机油

4）用专用工具安装新的机油滤清器。

拧紧机油滤清器有以下三种情况：

① 机油滤清器的外壳印有数字 1~8，如图 3-33 所示。使用专用工具紧固这种类型的机油滤清器，不需要使用扭力扳手，它的紧固方式是：当油封接触到发动机上的座面之后，再继续拧紧 7/8 圈，就完成了正确的紧固。

② 机油滤清器的外壳印有数字 1~4，如图 3-34 所示。使用专用工具紧固这种类型的机油滤清器，不需要使用扭力扳手，它的紧固方式是：当油封接触到发动机上的座面之后，再继续拧紧 3/4 圈，就完成了正确的紧固。

③ 机油滤清器的外壳没有印数字，如图 3-35 所示。按照维修手册中的要求，使用专用工具和扭力扳手紧固这种类型的机油滤清器。

图 3-33　机油滤清器的外壳印有数字 1~8　　图 3-34　机油滤清器的外壳印有数字 1~4

四、拉拔器

拉拔器是用于拆卸通过过盈配合安装在轴上（或孔内）零件的专用工具，常用的拉拔器有机械式和液压式两种，如图 3-36 所示。

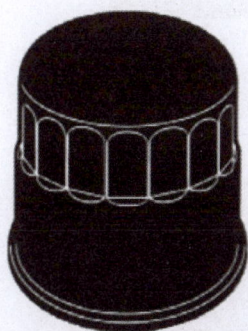

图 3-35　机油滤清器的外壳没有印数字

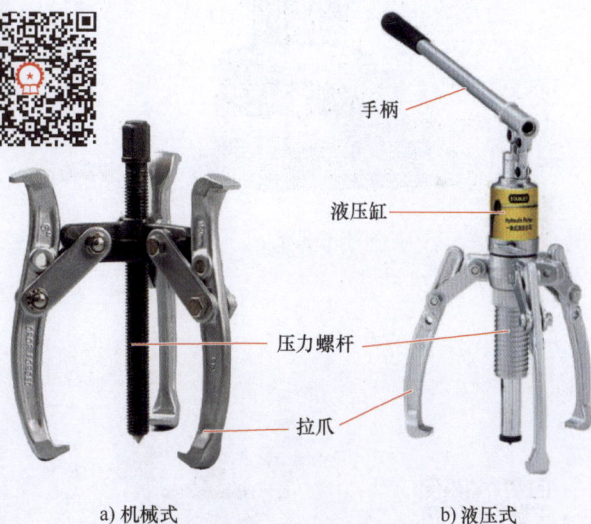

a) 机械式　　b) 液压式

图 3-36　常用拉拔器的类型

从轴上拆卸轴承时，将拉拔器的拉爪钩住轴承的内圈，而不应钩在外圈上，以免轴承松动过度或损坏。压力螺杆抵住轴端，然后旋转（机械式）或拧紧（液压式）压力螺杆，即可从轴上拔下轴承，如图 3-37 所示。

从孔内拆卸轴承时，将拉拔器的拉爪钩住轴承的外圈，压力螺杆抵住机壳或拉拔器筒抵住孔端面，然后旋转压力螺杆，即可从孔内拔下轴承，如图 3-38 所示。

五、活塞环拆装钳

活塞环拆装钳是用于拆装活塞环的专用工具，如图 3-39 所示。使用时应将活塞环拆装钳上的卡环卡在活塞环的开口上，轻握手柄慢慢收缩使活塞环张开，以便拆装。

图 3-37　从轴上拆卸轴承

压力螺杆

机壳

拉爪

拉拔器筒

a) 抵住机壳

b) 抵住孔端面

图 3-38　从孔内拆卸轴承

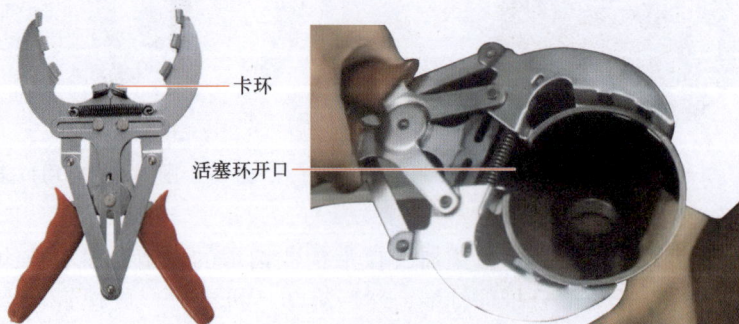

卡环

活塞环开口

图 3-39　活塞环拆装钳

六、活塞安装专用工具

活塞安装专用工具在安装活塞时用于压缩活塞环，以便将活塞装入气缸内，如图 3-40 所示。

a) 类型 　　　　　　　　　　　　　b) 应用实例

图 3-40　活塞安装的专用工具

七、气门拆装钳

气门拆装钳是用于拆装气门的专用工具，如图 3-41 所示。在使用手柄式气门拆装钳拆装气门时，将气门拆装钳托架抵住气门，压环对正气门弹簧座，压下手柄即可使气门弹簧压缩，然后取出气门弹簧锁止零件，再慢慢放松手柄，便能很容易地取下气门弹簧和气门等，如图 3-41a 所示。在使用旋转手柄式气门拆装钳拆装气门时，需旋转手柄，才能取出气门弹簧锁止零件、气门弹簧和气门等零件，如图 3-41b 所示。

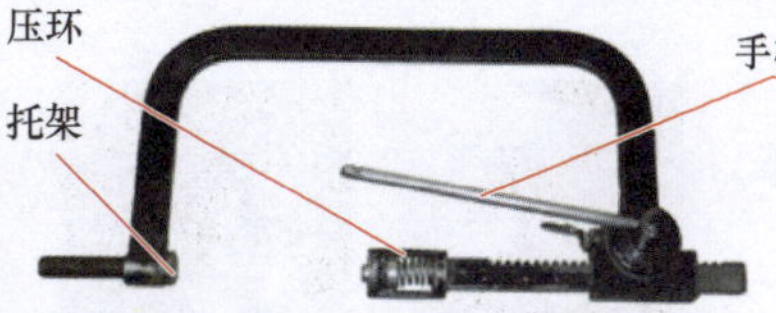

压环　　托架　　　　　　手柄

a) 压下手柄式气门拆装钳 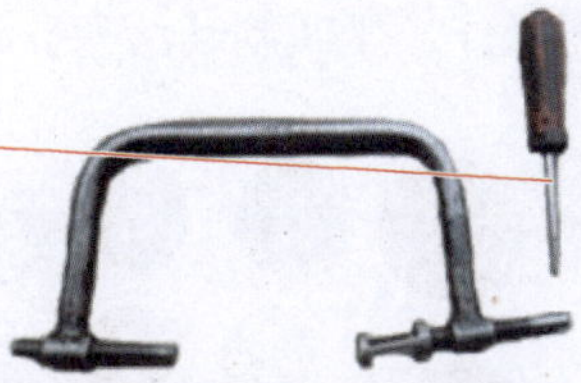　　　　　　b) 旋转手柄式气门拆装钳

压环

c) 应用实例

图 3-41　气门拆装钳

八、气动扳手和电动扳手

气动扳手也叫作风炮，是以压缩空气作为动力的扳手，如图 3-42 所示。空气压缩机输出的压缩空气进入气动扳手气缸之后带动里面的叶轮转动而产生旋转动力，同时叶轮再带动相

连接的敲击部位进行类似锤打的运动，在每一次敲击之后，把螺栓（或螺母）拧紧或者拆卸下来。气动扳手是一种高效、安全拆装螺栓或螺母的气动工具。

电动扳手是以电源或电池作为动力的扳手，是一种拆装螺栓或螺母的电动工具，如图 3-43 所示。电动扳手主要分为冲击扳手、扭剪扳手、定拧紧力矩扳手、转角扳手、角向扳手、液压扳手、扭力扳手和充电式电动扳手。

图 3-42　气动扳手　　　　　图 3-43　电动扳手

职场健康与安全：

在汽车维修中，尽量使用气动扳手，不要使用电动扳手，以防触电。

九、碟式制动分泵调整器

碟式制动分泵调整器是汽车维修企业必备的汽修专用工具，如图 3-44 所示。用于各种车型制动活塞的顶压操作，压回制动活塞，调节制动泵，更换制动片，操作简单方便。

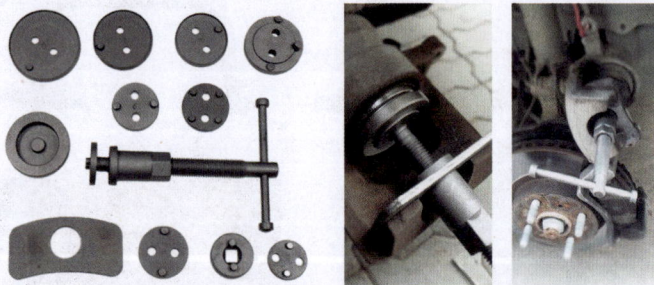

图 3-44　碟式制动分泵调整器

十、黄油枪

黄油枪是用于向汽车上需要用润滑脂润滑的部位加注润滑脂（黄油）的专用工具。黄油枪有手动黄油枪（图 3-45）、气动黄油枪、脚踏黄油枪和电动黄油枪等不同种类。

手动黄油枪的使用步骤如下：

1）旋开枪头，如图 3-46 所示。

2）抽取润滑脂（或加注润滑脂），如图 3-47 所示。

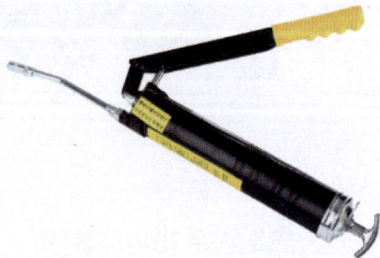

图 3-45　手动黄油枪

图 3-46　旋开枪头

图 3-47　抽取润滑脂（或加注润滑脂）

3）刮掉溢出的润滑脂，如图 3-48 所示。

4）装上枪头，留 2~3 牙螺纹不要拧紧，如图 3-49 所示。

图 3-48　刮掉溢出的润滑脂

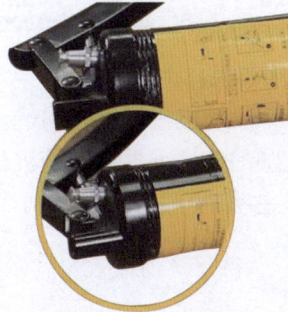

图 3-49　装上枪头

5）连续按压手柄，排出空气，直到出油口持续出油，如图 3-50 所示。

6）用力拧紧枪头，不留空隙，如图 3-51 所示。

图 3-50　排出黄油枪中的空气

图 3-51　用力拧紧枪头，不留空隙

7）安装黄油枪硬管（或软管），如图 3-52 所示。

8）连续按压手柄，排出空气，直到油嘴持续出油，如图 3-53 所示。

9）对汽车需要加润滑脂的部位加注润滑脂。

图 3-52　安装黄油枪硬管（或软管）

图 3-53　排出硬管（或软管）中的空气

任务实施

任务一　拆装发动机机体组

1. 任务目的描述

1）初步认识发动机机体组的构造。

2）能在老师的指导下拆装发动机机体组，练习各种手工工具的使用。

3）能积极主动参与任务，能与小组成员团结协作，能执行实训室"6S"的规定。

2. 任务准备

1）知识准备。

完成项目三第一课手工工具及使用方法的学习。

2）设备准备。

发动机、发动机拆装工具、演示课件（或操作视频）。

3. 任务步骤

1）老师演示或播放视频：拆装发动机机体组。

2）学生练习发动机机体组的拆装（或老师演示时同步练习），并完成《汽车维修技能基础工作页》相应部分内容的填写。

拆装发动机机体组，拆装内容包括气缸盖罩、气缸盖、气缸垫和油底壳。

4. 任务评价

任务评价内容及标准见表 3-1。

表 3-1　任务评价内容及标准

序号	项　目	操作内容	分值	评分标准	得分
1	准备	清点工具、清理工位	5 分	酌情扣分	
2	拆卸	拆卸气缸盖罩	10 分	操作不当扣 1~10 分	
		拆卸气缸盖和气缸垫	10 分	操作不当扣 1~10 分	
		拆卸油底壳	10 分	操作不当扣 1~10 分	
3	清洗	清洗机体组各零部件	20 分	操作不当扣 1~20 分	
4	安装	按照与拆卸相反的顺序进行	20 分	操作不当扣 1~20 分	

（续）

序号	项　目	操作内容	分值	评分标准	得分
5	完成时间	40min	10分	超时1~5min 扣1~5分 超时5min以上扣10分	
6	安全文明	无安全隐患，无不文明操作	5分	未达标扣1~5分	
7	结束	工具清洁归位	5分	漏一项扣1分，未做扣5分	
		工作场地清洁	5分	清洁不彻底扣1~5分，未做扣5分	
		总分	100分		

任务二　拆装火花塞

1. 任务目的描述

1）掌握火花塞的拆装过程。

2）能在老师的指导下拆装火花塞，练习火花塞套筒的使用。

3）能积极主动参与任务，能与小组成员团结协作，能执行实训室"6S"的规定。

2. 任务准备

1）知识准备。

完成项目三第二课专用工具及使用方法的学习。

2）设备准备。

汽车、火花塞套筒、扳手、演示课件（或操作视频）。

3. 任务步骤

1）老师演示或播放视频：拆装火花塞。

2）学生练习拆装火花塞（或老师演示时同步练习），并完成《汽车维修技能基础工作页》相应部分内容的填写。

4. 任务评价

任务评价内容及标准见表3-2。

表3-2　任务评价内容及标准

序号	项　目	操作内容	分值	评分标准	得分
1	准备	清点工具、清理工位	5分	酌情扣分	
2	拆卸	拆卸火花塞	30分	操作不当扣1~30分	
3	安装	安装火花塞	30分	操作不当扣1~30分	
4	测试	起动发动机检查运行情况	10分	操作不当扣1~10分	
5	完成时间	40min	10分	超时1~5min 扣1~5分 超时5min以上扣10分	
6	安全文明	无安全隐患，无不文明操作	5分	未达标扣1~5分	
7	结束	工具清洁归位	5分	漏一项扣1分，未做扣5分	
		工作场地清洁	5分	清洁不彻底扣1~5分，未做扣5分	
		总分	100分		

任务三　更换机油滤清器

1. 任务目的描述

1）掌握机油滤清器的更换过程。

2）能在老师的指导下更换机油滤清器，练习机油滤清器扳手的使用。

3）能积极主动参与任务，能与小组成员团结协作，能执行实训室"6S"的规定。

2. 任务准备

1）知识准备。

完成项目三第二课专用工具及使用方法的学习。

2）设备准备。

汽车、举升机、机油滤清器扳手、演示课件（或操作视频）。

3. 任务步骤

1）老师演示或播放视频：更换机油滤清器。

2）学生练习更换机油滤清器（或老师演示时同步练习），并完成《汽车维修技能基础工作页》相应部分内容的填写。

更换机油滤清器，更换内容包括拆卸旧的机油滤清器和安装新的机油滤清器。

4. 任务评价

任务评价内容及标准见表 3-3。

表 3-3　任务评价内容及标准

序号	项　目	操作内容	分值	评分标准	得分
1	准备	清点工具、清理工位	5 分	酌情扣分	
2	拆卸	拆卸旧机油滤清器	20 分	操作不当扣 1~20 分	
3	安装	安装新机油滤清器	20 分	操作不当扣 1~20 分	
4	添加	添加机油	15 分	操作不当扣 1~15 分	
5	检查	检查新机油滤清器等处是否漏油	15 分	操作不当扣 1~15 分	
6	完成时间	40min	10 分	超时 1~5min 扣 1~5 分 超时 5min 以上扣 10 分	
7	安全文明	无安全隐患，无不文明操作	5 分	未达标扣 1~5 分	
8	结束	工具清洁归位	5 分	漏一项扣 1 分，未做扣 5 分	
		工作场地清洁	5 分	清洁不彻底扣 1~5 分，未做扣 5 分	
		总分	100 分		

任务四　拆装发动机活塞环

1. 任务目的描述

1）掌握发动机活塞环的拆装过程。

2）能在老师的指导下拆装发动机活塞环，练习发动机活塞环拆装钳的使用。

3）能积极主动参与任务，能与小组成员团结协作，能执行实训室"6S"的规定。

2. 任务准备

1）知识准备。

完成项目三第二课专用工具及使用方法的学习。

2）设备准备。

活塞连杆组总成、发动机活塞环拆装钳、演示课件（或操作视频）。

3. 任务步骤

1）老师演示或播放视频：拆装发动机活塞环。

2）学生练习拆装发动机活塞环（或老师演示时同步练习），并完成《汽车维修技能基础工作页》相应部分内容的填写。

拆装发动机活塞环，拆装内容包括拆卸活塞环和安装活塞环。

4. 任务评价

任务评价内容及标准见表3-4。

表 3-4　任务评价内容及标准

序号	项　目	操 作 内 容	分值	评 分 标 准	得分
1	准备	清点工具、清理工位	5分	酌情扣分	
2	拆卸	拆卸活塞环	25分	操作不当扣1~25分	
3	清洁	清洁活塞环及活塞环槽	20分	操作不当扣1~20分	
4	安装	安装活塞环	25分	操作不当扣1~25分	
5	完成时间	40min	10分	超时1~5min扣1~5分 超时5min以上扣10分	
6	安全文明	无安全隐患，无不文明操作	5分	未达标扣1~5分	
7	结束	工具清洁归位	5分	漏一项扣1分，未做扣5分	
		工作场地清洁	5分	清洁不彻底扣1~5分，未做扣5分	
	总分		100分		

任务五　拆装活塞连杆组

1. 任务目的描述

1）掌握活塞连杆组的拆装过程。

2）能在老师的指导下拆装活塞连杆组，练习活塞安装专用工具的使用。

3）能积极主动参与任务，能与小组成员团结协作，能执行实训室"6S"的规定。

2. 任务准备

1）知识准备。

完成项目三第二课专用工具及使用方法的学习。

2）设备准备。

发动机、活塞安装专用工具、扳手、演示课件（或操作视频）。

3. 任务步骤

1）老师演示或播放视频：拆装活塞连杆组。

2）学生练习拆装活塞连杆组（或老师演示时同步练习），并完成《汽车维修技能基础工作页》相应部分内容的填写。

拆装活塞连杆组，拆装内容包括拆卸活塞连杆组和安装活塞连杆组。

4. 任务评价

任务评价内容及标准见表 3-5。

表 3-5　任务评价内容及标准

序号	项　目	操作内容	分值	评分标准	得分
1	准备	清点工具、清理工位	5 分	酌情扣分	
2	拆卸	拆卸活塞连杆组	25 分	操作不当扣 1~25 分	
3	清洁	清洁活塞连杆组及气缸	20 分	操作不当扣 1~20 分	
4	安装	安装活塞连杆组	25 分	操作不当扣 1~25 分	
5	完成时间	40min	10 分	超时 1~5min 扣 1~5 分 超时 5min 以上扣 10 分	
6	安全文明	无安全隐患，无不文明操作	5 分	未达标扣 1~5 分	
7	结束	工具清洁归位	5 分	漏一项扣 1 分，未做扣 5 分	
		工作场地清洁	5 分	清洁不彻底扣 1~5 分，未做扣 5 分	
		总分	100 分		

任务六　拆装气门组

1. 任务目的描述

1）掌握气门组的拆装过程。

2）能在老师的指导下拆装气门组，练习气门拆装钳的使用。

3）能积极主动参与任务，能与小组成员团结协作，能执行实训室"6S"的规定。

2. 任务准备

1）知识准备。

完成项目三第二课专用工具及使用方法的学习。

2）设备准备。

气缸盖总成、气门拆装钳、演示课件（或操作视频）。

3. 任务步骤

1）老师演示或播放视频：拆装气门组。

2）学生练习拆装气门组（或老师演示时同步练习），并完成《汽车维修技能基础工作页》相应部分内容的填写。

拆装气门组，拆装内容包括拆卸气门组零件和安装气门组零件。

4. 任务评价

任务评价内容及标准见表 3-6。

表 3-6　任务评价内容及标准

序号	项　目	操作内容	分值	评分标准	得分
1	准备	清点工具、清理工位	5 分	酌情扣分	
2	拆卸	拆卸气门组零件	25 分	操作不当扣 1~25 分	
3	清洗	清洗气门组零件	20 分	操作不当扣 1~20 分	
4	安装	安装气门组零件	25 分	操作不当扣 1~25 分	
5	完成时间	40min	10 分	超时 1~5min 扣 1~5 分 超时 5min 以上扣 10 分	
6	安全文明	无安全隐患，无不文明操作	5 分	未达标扣 1~5 分	
7	结束	工具清洁归位	5 分	漏一项扣 1 分，未做扣 5 分	
		工作场地清洁	5 分	清洁不彻底扣 1~5 分，未做扣 5 分	
		总分	100 分		

任务七　加注润滑脂

1. 任务目的描述

1）掌握汽车加注润滑脂的过程。

2）能在老师的指导下给汽车加注润滑脂，练习黄油枪的使用。

3）能积极主动参与任务，能与小组成员团结协作，能执行实训室"6S"的规定。

2. 任务准备

1）知识准备。

完成项目三第二课专用工具及使用方法的学习。

2）设备准备。

汽车、黄油枪、润滑脂、演示课件（或操作视频）。

3. 任务步骤

1）老师演示或播放视频：汽车加注润滑脂。

2）学生练习给汽车加注润滑脂（或老师演示时同步练习），并完成《汽车维修技能基础工作页》相应部分内容的填写。

汽车加注润滑脂，加注内容包括给黄油枪加注润滑脂和给汽车用润滑脂润滑的部位加注润滑脂。

4. 任务评价

任务评价内容及标准见表 3-7。

表 3-7　任务评价内容及标准

序号	项　目	操作内容	分值	评分标准	得分
1	准备	清点工具、清理工位	5 分	酌情扣分	
2	黄油枪加注	黄油枪加注润滑脂并组装	30 分	操作不当扣 1~30 分	

（续）

序号	项　　目	操 作 内 容	分值	评 分 标 准	得分
3	汽车加注	给需要用润滑脂润滑的部位加注润滑脂	40分	操作不当扣1~40分	
4	完成时间	40min	10分	超时1~5min扣1~5分 超时5min以上扣10分	
5	安全文明	无安全隐患，无不文明操作	5分	未达标扣1~5分	
6	结束	工具清洁归位	5分	漏一项扣1分，未做扣5分	
		工作场地清洁	5分	清洁不彻底扣1~5分，未做扣5分	
		总分	100分		

巩固与提高

一、填空题

1. 活扳手在使用时，让_____钳口受主要作用力。

2. 呆扳手按形状分为_____呆扳手和_____呆扳手两种。

3. 两用扳手的一端与_____呆扳手相同，另一端与_____扳手相同。

4. 常用的扭力扳手有_____、_____和_____三种。

5. 油管扳手是介于_____扳手与_____扳手之间的一种扳手。

6. 常用的螺钉旋具有_____螺钉旋具和_____螺钉旋具两种。

7. 汽车维修通常使用的锤子是_____、_____和_____。

二、判断题

1. 活扳手可拆装任意规格大小的螺栓和螺母。　　　　　　　　　　　　　（　　　）

2. 紧固有力矩大小要求的螺栓和螺母可不用扭力扳手。　　　　　　　　　（　　　）

3. 扳手可以当作锤子和撬棒使用。　　　　　　　　　　　　　　　　　　（　　　）

4. 尽可能不用钳子拆装螺栓或螺母。　　　　　　　　　　　　　　　　　（　　　）

5. 拆装汽车轮胎可不用轮胎套筒。　　　　　　　　　　　　　　　　　　（　　　）

三、单项选择题

1. 开口宽度可在一定尺寸范围内进行调节的扳手是（　　　）。

A. 内六角扳手　　　　　　　　　　　　B. 活扳手

C. 扭力扳手　　　　　　　　　　　　　D. 两用扳手

2. 拧转位置十分狭小或凹陷很深的零件时选用的扳手是（　　　）。

A. 活扳手　　　　　　　　　　　　　　B. 呆扳手

C. 梅花扳手　　　　　　　　　　　　　D. 套筒扳手

3. 按规定力矩拧紧气缸盖螺栓使用的扳手是（　　　）。

A. 扭力扳手　　　　　　　　　　　　　B. 呆扳手

C. 梅花扳手　　　　　　　　　　　　　D. 套筒扳手

4. 用于拆装油管外加的螺母选用的扳手是（　　　）。

A. 两用扳手　　　　　　　　　　　　　B. 呆扳手

C. 油管扳手　　　　　　　　　　　　　D. 套筒扳手

5. 拧紧机油滤清器的情况有（　　）。

A. 一种　　　　　　　　B. 两种　　　　　　C. 三种　　　　　　D. 四种

四、简答题

1. 简述选用扳手的原则。

2. 简述更换机油滤清器的步骤。

3. 简述黄油枪的使用步骤。

项目四

汽车维修常用量具的使用

学习目标

知识目标

知道汽车维修常用量具的种类及使用方法。

技能目标

学会汽车维修常用量具的使用。

素养目标

民族自豪感和爱国意识的培养。

典型工作任务

任务一　认识游标卡尺并掌握其使用方法

任务二　认识外径千分尺并掌握其使用方法

任务三　认识百分表并掌握其使用方法

任务四　认识量缸表并掌握其使用方法

任务五　认识塞尺和刀口形直尺并掌握其使用方法

任务六　认识钢卷尺并掌握其使用方法

知识准备

第一课　游标卡尺

一、游标卡尺的认识

1. 游标卡尺的种类

1992 年 5 月在扬州市西北 8km 的邗江县甘泉乡（今邗江区甘泉镇）顺利清理了一座东汉早期的砖室墓，从墓中出土了一件铜卡尺，如图 4-1 所示，此铜卡尺由固定尺和活动尺等部件构成。惜因年代久远，其固定尺和活动尺上的

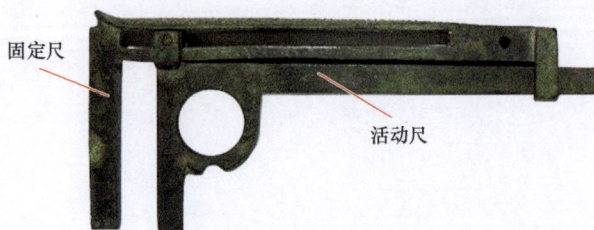

固定尺

活动尺

图 4-1　东汉铜卡尺

计量刻度和纪年铭文已锈蚀难以辨认。使用时，将左手握住鱼形柄，右手牵动环形拉手，左右拉动，以测工件。用此量具既可测量器物的直径，又可测其深度以及长、宽、厚，均较钢直尺方便和精确。东汉原始铜卡尺的出土，纠正了世人过去认为游标卡尺是欧美科学家发明的观念。

游标卡尺是一种测量长度、内外径和深度的量具，游标卡尺按分度值分有 0.10mm、0.05mm 和 0.02mm 三种，按显示方式分有普通游标卡尺、带表游标卡尺和数显游标卡尺（也叫作电子游标卡尺），如图 4-2 所示。带表游标卡尺用百分表取代了游标尺，数显游标卡尺用数字显示屏取代了游标尺。

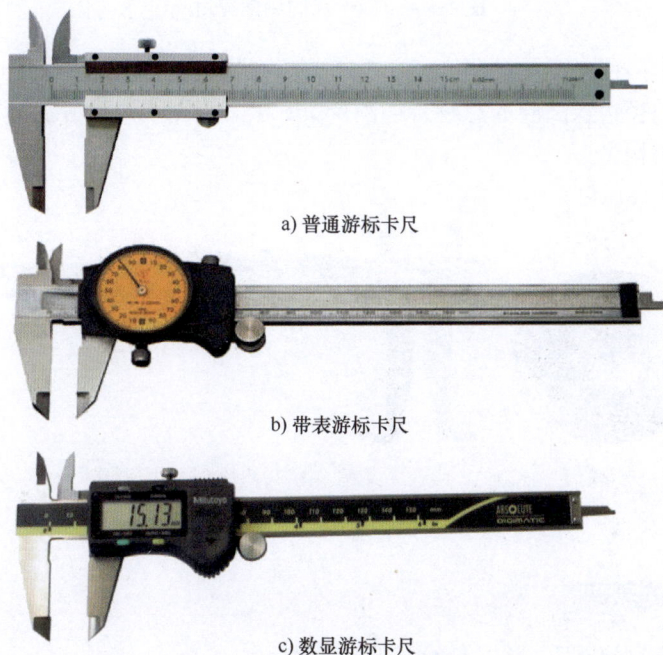

a) 普通游标卡尺

b) 带表游标卡尺

c) 数显游标卡尺

图 4-2　游标卡尺的类型

2. 游标卡尺的结构

游标卡尺由外测量爪、内测量爪、紧固螺钉、游标尺、尺身（主尺）和深度卡尺组成，如图 4-3 所示。外测量爪通常用来测量长度和外径，内测量爪通常用来测量内径，深度卡尺与游标尺连在一起，可以测量槽和筒的深度，如图 4-4 所示。

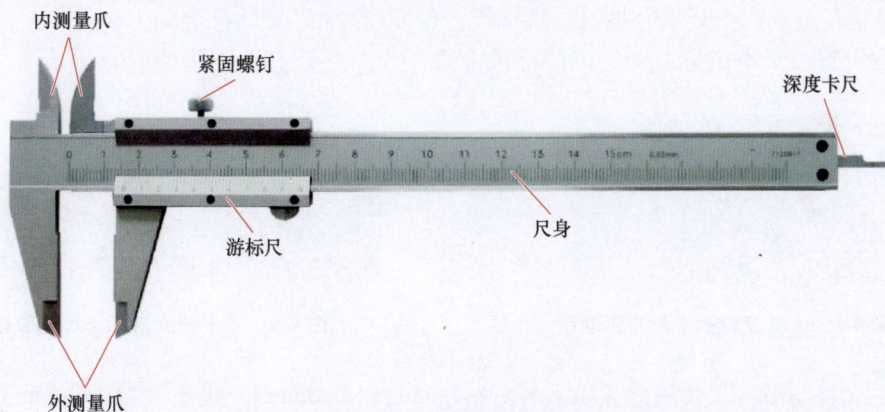

内测量爪　紧固螺钉　深度卡尺

游标尺　尺身

外测量爪

图 4-3　游标卡尺的结构

| a) 测量工件外径 | b) 测量工件内径 | c) 测量工件深度 |

图 4-4　游标卡尺的测量应用

内径游标卡尺专门用来测量内径，例如测量汽车制动鼓的磨损量等，这种游标卡尺的好处是不受被测物体内径边缘凸起的影响，如图 4-5 所示。用图 4-3 所示游标卡尺的内测量爪就不能测量制动鼓的磨损量。

a) 制动鼓　　　　　　　　　　b) 内径游标卡尺实物图

图 4-5　内径游标卡尺

二、游标卡尺的原理

1. 十分度游标卡尺的原理（0.10mm）

当游标卡尺上的两个量爪合拢时，游标尺上的 10 格刚好与尺身上的 9mm 对正，如图 4-6 所示。尺身上每一个小格是 1mm，则游标尺上每一个小格是 9mm/10＝0.90mm。

因此，尺身与游标尺每格之差为：1mm－0.90mm＝0.10mm，此差值为 1/10mm 游标卡尺的测量分度值。

2. 二十分度游标卡尺的原理（0.05mm）

当游标卡尺上的两个量爪合拢时，游标尺上的 20 格刚好与尺身上的 19mm 对正，如图 4-7 所示。尺身上每一个小格是 1mm，则游标尺上每一个小格是 19mm/20＝0.95mm。

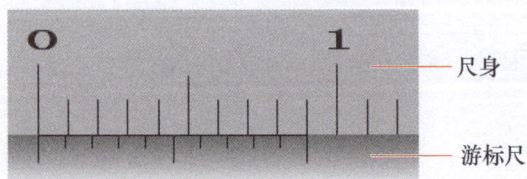

尺身

游标尺

图 4-6　十分度游标卡尺的原理图

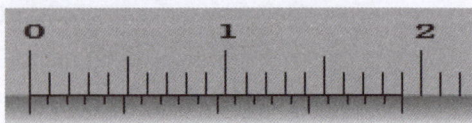

图 4-7　二十分度游标卡尺的原理图

因此，尺身与游标尺每格之差为：1mm－0.95mm＝0.05mm，此差值为 1/20mm 游标卡尺的测量分度值。

3. 五十分度游标卡尺的原理（0.02mm）

当游标卡尺上的两个量爪合拢时，游标尺上的50格刚好与尺身上的49mm对正，如图4-8所示。尺身上每一个小格是1mm，则游标尺上每一个小格是49mm/50=0.98mm。

因此，尺身与游标尺每格之差为：1mm−0.98mm=0.02mm，此差值为1/50mm游标卡尺的测量分度值。

若一个物体0.02mm厚，则会出现游标卡尺游标尺上的第一条刻线与尺身上的第一条刻线对齐的情况。

若一个物体0.04mm厚，则会出现游标卡尺游标尺上的第二条刻线与尺身上的第二条刻线对齐的情况，以此类推。

三、游标卡尺的使用

游标卡尺的使用步骤如下（以五十分度为例）：

1）清洁待测工件。

2）清洁游标卡尺，检查游标卡尺的两个测量面和测量刃口是否平直无损。

3）游标卡尺零点校正：当量爪密切结合后，游标卡尺尺身和游标尺的零点必须对齐，否则维修。

4）用游标卡尺测量工件。

5）游标卡尺的读数。

① 读出游标尺零线左边与尺身相邻第一条刻线的整毫米数，为所测尺寸的整数值。

② 读出游标尺上与尺身刻线对齐的那一条刻线所表示的数值，为所测尺寸的小数值。

③ 把整毫米数和毫米小数加起来，即为所测零件的尺寸数值。

如图4-9所示，游标卡尺的读数为3.28mm。

图4-8　五十分度游标卡尺的原理图

图4-9　游标卡尺读数练习

职场健康与安全：

游标卡尺读数技巧：找到一处几乎三条线都对齐的地方，为了不多读也不少读，读中间那条线即可。

6）清洁游标卡尺，放入工具箱。

职场健康与安全：

① 游标卡尺要轻拿轻放，不得碰撞或跌落到地上。

② 游标卡尺读数时要在光线好的地方，并使人的视线尽可能和游标卡尺的刻线表面垂直，以免造成读数误差。

第二课　外径千分尺

一、外径千分尺的认识

1. 外径千分尺的结构

外径千分尺是一种精密量具，它的测量分度值比游标卡尺高。外径千分尺主要由尺架、砧座、测微螺杆、固定套管、活动套管、微调和偏心锁紧手柄等组成，如图4-10所示。

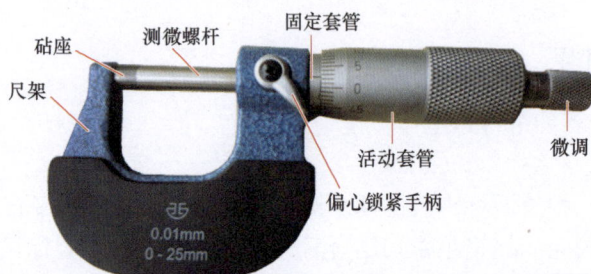

图 4-10　外径千分尺的结构

2. 外径千分尺的种类

外径千分尺可选用的测量范围有 0～25mm、25～50mm、50～75mm 和 75～100mm 等多种规格，图4-11 所示为 0～25mm、25～50mm、50～75mm 的外径千分尺。

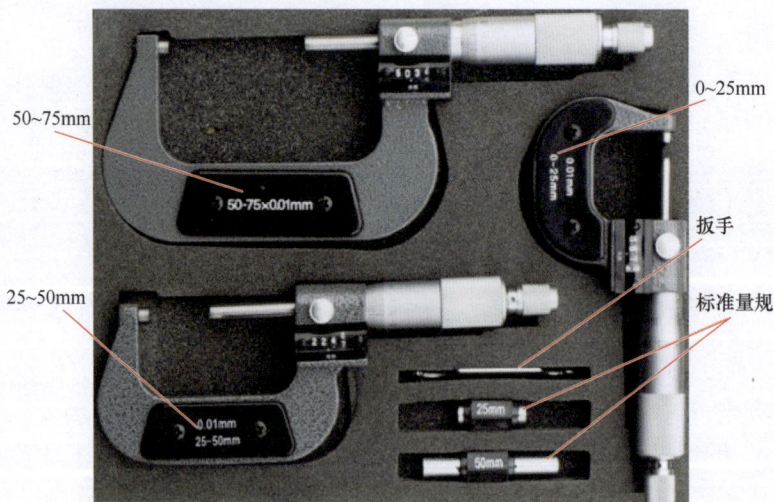

图 4-11　0～25mm、25～50mm、50～75mm 的外径千分尺

二、外径千分尺的原理

外径千分尺测微螺杆的螺距是 0.50mm，活动套管上共刻有 50 条刻线，测微螺杆与活动套管连在一起，如图4-12所示。当活动套管转50格（1周）时，测微螺杆也转1周并移动0.50mm。因此，当活动套管转1格时，测微螺杆移动 0.50mm/50＝0.01mm。所以，外径千分

尺可准确到0.01mm。由于还能再估读一位，可读到毫米的千分位。

三、外径千分尺的使用

外径千分尺的使用步骤如下：

1）清洁待测工件。

2）根据待测工件的尺寸选用相应规格的外径千分尺，并清洁和检查选用的千分尺。

3）外径千分尺零点校正：清理外径千分尺测定面，将标准量规（0~25mm无标准量规）夹在砧座和测微螺杆之间，慢慢转动微调，当微调发出2~3次"咔咔"声后，即能产生正确的测定压力。此时，活动套管前端面应在固定套管的"0"刻线位置，且活动套管上的"0"刻线要与固定套管的基准线对齐，如图4-13所示。若两者中有一个"0"刻线不能对齐，则该外径千分尺有误差，应检查调整后才能继续测量。

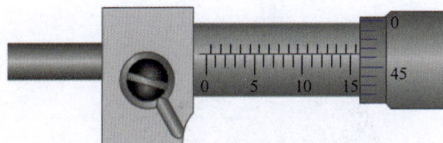

图4-12　外径千分尺的原理图　　　　图4-13　外径千分尺的零点校正

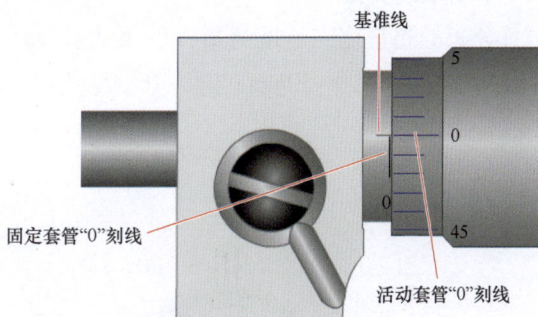

4）用外径千分尺测量工件。

5）外径千分尺的读数。

① 先读出活动套管边缘在固定套管上的毫米数和半毫米数。

② 再根据活动套管上的哪一格与固定套管上的基准线对齐，读出活动套管上不足0.5mm的数值。

③ 最后将两个读数加起来，其和即为测得的实际尺寸值。

如图4-14a所示，外径千分尺的读数为5.28mm；如图4-14b所示，外径千分尺的读数为5.61mm。

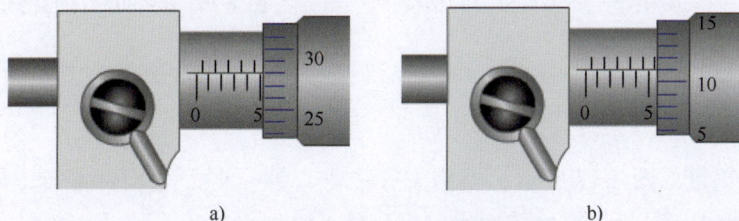

a)　　　　　　　　　　　　b)

图4-14　外径千分尺读数练习

职场健康与安全：

外径千分尺在读数过程中，注意不要多读或少读0.50mm。

6）清洁外径千分尺，放进包装盒。

第三课　百分表

一、百分表的认识

1. 百分表的结构

百分表分为内径百分表和外径百分表两类。图4-15所示为外径百分表的结构，其主要由表盘、表圈、挡帽、转数指示盘、主指针、小指针、轴管、测头和测量杆等组成。百分表是一种精度较高的比较量具，它只能测出相对数值，不能测出绝对值。百分表主要用于检验机床精度和测量工件的尺寸、形状和位置误差等。

2. 百分表的类型

百分表的测量范围是指测量杆的最大移动量，一般有0~3mm、0~5mm、0~10mm、0~20mm、0~30mm和0~50mm。图4-16所示为一个0~30mm的百分表。

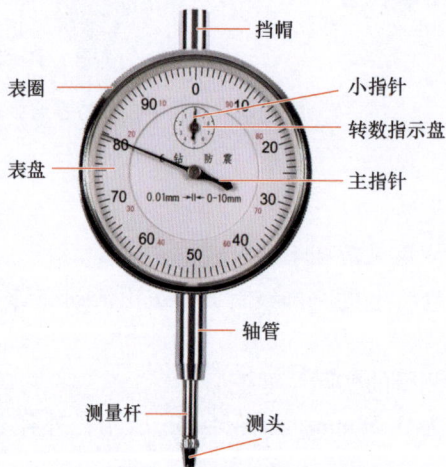

图4-15　外径百分表的结构

图4-16　0~30mm的百分表

二、百分表的工作原理

百分表表盘刻度如图4-17所示，当测头每移动1.0mm时，主指针偏转1周，小指针偏转1格。百分表表盘1周分为100格，即主指针偏转1格相当于测头移动0.01mm，小指针偏转1格相当于1mm。

三、百分表的使用

百分表要安装在支座上才能使用，如图4-18所示。在支座内部设有磁铁，旋转支座上的旋钮使表座吸附在工具台上，因而又称为磁性表座。

图 4-17　百分表表盘刻度

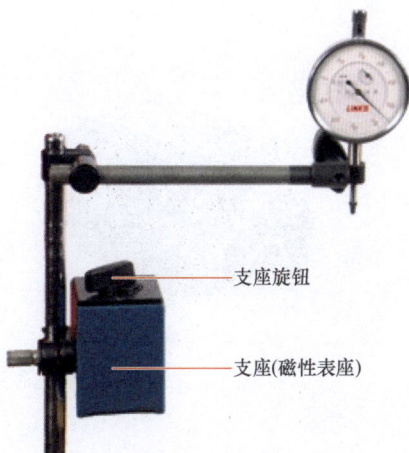

支座旋钮

支座(磁性表座)

图 4-18　磁性表座安装百分表

百分表的使用步骤如下：

1）清洁待测工件并安装好。

2）清洁、检查百分表及磁性表座。

3）安装磁性表座。

4）将百分表安装到磁性表座上。

5）百分表校对零位：百分表预压缩量为 2.0mm 左右，旋转表圈，使表盘"0"对准主指针，然后锁紧调整螺母。

6）用百分表测量工件。

7）读取数据：测量时，应记住主指针和小指针的起始值，待测量后所测取值要减去起始值。可以估读，估读到千分位。

8）拆分、清洁百分表及磁性表座。

职场健康与安全：

　　百分表在使用过程中一定要保证预压缩量，读数时注意减去主指针和小指针的起始值。

第四课　量缸表

一、量缸表的认识

1. 量缸表的作用

量缸表又称为内径百分表，是用于测量孔径的比较性测量工具。在汽车维修中，量缸表通常用于测量气缸的内径及磨损量，如图 4-19 所示。

2. 量缸表的结构

量缸表主要由百分表、表杆、垫圈和一套不同长度的接杆等组成，如图 4-20 所示。

a) 气缸体   b) 量缸表

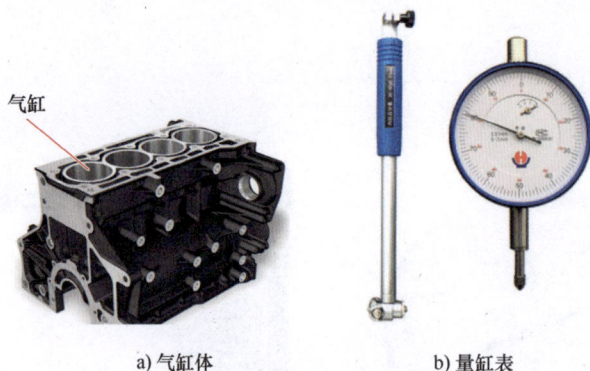

图 4-19   量缸表的测量应用

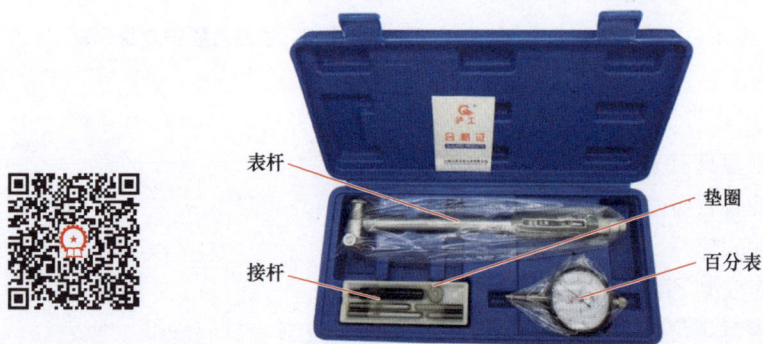

图 4-20   量缸表的结构

二、量缸表的使用

量缸表的使用步骤如下（以测量发动机气缸磨损量为例）：

1）清洁待测气缸。

2）用游标卡尺测量气缸内径，如图 4-21 所示。此尺寸作为基本尺寸，也是选择接杆的依据。

3）把外径千分尺调到游标卡尺所测的气缸内径值，并固定好，如图 4-22 所示。

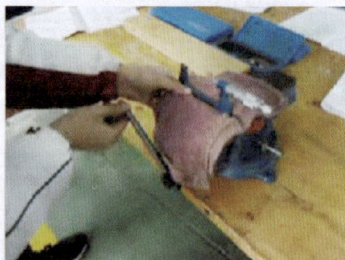

图 4-21   测量气缸内径   图 4-22   调整外径千分尺数值并固定好

4）组装量缸表：将百分表插入表杆上部并固定，保证百分表预压缩量 1mm 左右，如图 4-23所示；选择长度尺寸合适的接杆和（或）一个调整垫圈，并固定在表杆下端的接杆座上，如图 4-24 所示。

图 4-23　安装百分表并固定好

图 4-24　将接杆和（或）垫圈固定在接杆座上

5）用外径千分尺给量缸表调零，如图 4-25 所示。将量缸表接杆和活动测头放入外径千分尺砧座和测微螺杆之间，然后调整接杆，保证百分表总预压缩量 2mm 左右并固定好。最后旋转表圈，使表盘"0"刻线对准主指针，然后锁紧调整螺母。

职场健康与安全：

量缸表指针调到"0"刻线后，将量缸表从外径千分尺上取下后就不能再旋转表圈。

6）用量缸表测量气缸直径，如图 4-26 所示。

图 4-25　用外径千分尺给量缸表调零

图 4-26　用量缸表测量气缸直径

职场健康与安全：

在测量过程中，必须前后摆动量缸表，以确定读数最小的直径位置，同时还应在一定水平角度内转动量缸表，以确定读数最大时的直径位置。

7）读取测量值。以表盘"0"刻线为准，主指针在逆时针方向为"＋"，在顺时针方向为"－"。

例：标准尺寸为 $\phi 65.00$ mm 的气缸，测量时主指针在表盘"0"刻线逆时针方向 18 格处，则气缸实际尺寸＝（$\phi 65.00+0.18$）mm＝$\phi 65.18$mm。此位置气缸磨损量为 0.18mm。

> 职场健康与安全:
>
> 　　测量时，若小指针移动超过 1mm，则应在实际测量值中加上或减去 1mm。

8) 拆下接杆和（或）垫圈，清洁百分表，涂抹防护油，放进包装盒。

第五课　塞尺和刀口形直尺

一、塞尺的认识

　　塞尺由多片不同厚度的钢片组成，每片钢片的表面刻有其厚度的数字，如图 4-27 所示。在汽车维修中，塞尺常用于测量零件之间的间隙，如气门间隙、火花塞间隙、机油泵齿轮啮合间隙等。塞尺的每片钢片可以单独使用，也可以将多片钢片组合在一起使用，以获得所需的厚度。

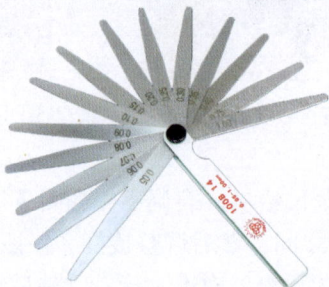

图 4-27　塞尺

> 职场健康与安全:
>
> 　　在塞尺的最大规格能满足使用间隙要求时，尽量避免多片叠加，以免造成累计误差。

二、刀口形直尺的认识

　　刀口形直尺是由合金工具钢、轴承钢或镁铝合金材料经过稳定性处理和去磁处理制造而成的，如图 4-28 所示。刀口形直尺主要用于以光隙法进行直线度和平面度测量，常和塞尺配合使用。在汽车维修中，气缸体和气缸盖平面度的测量就是塞尺和刀口形直尺配合使用的实例，如图 4-29 所示。测量气缸体或气缸盖的平面度时，将刀口形直尺刀刃朝下平稳放在气缸体或气缸盖上，使用适合塞尺插入刀口与气缸体或气缸盖接触面的空隙内，以检测气缸体或气缸盖的平面度。检测时若用 0.03mm 塞尺能塞入，而用 0.04mm 塞尺不能塞入，则说明所测量的间隙值在 0.03~0.04mm 范围内。

图 4-28　刀口形直尺

图 4-29　塞尺和刀口形直尺配合检测气缸盖的平面度

| 第六课 | 钢卷尺 |

一、钢卷尺的认识

钢卷尺是由一条薄的富有弹性的钢带制成的，其整条钢带上刻有长度标志，如图 4-30a 所示。钢卷尺按其结构可分为自卷式钢卷尺、制动式钢卷尺和摇卷式钢卷尺三种。钢卷尺钢带两边最小刻度为 mm，长度有 2m、3m、5m、7.5m、10m 等类型，如图 4-30b 所示。

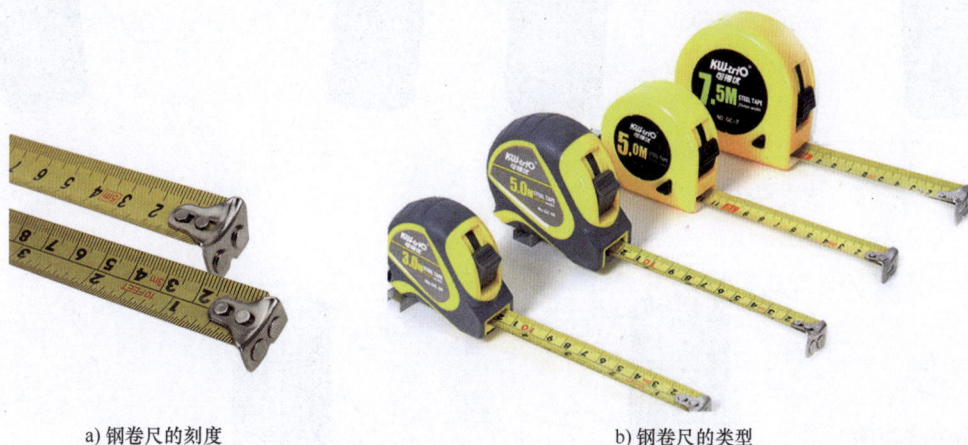

a) 钢卷尺的刻度　　　　　　　　　　　b) 钢卷尺的类型

图 4-30　钢卷尺

二、钢卷尺的使用

汽车钣金工在维修时常用钢卷尺测量各种修复尺寸，机电工在维修时常用钢卷尺测量前轮前束。

前轮安装后，两前轮的旋转平面不平行，前端略向内束，这种结构形式称为前轮前束。两轮前端距离 B 小于后端距离 A，其差值（$A-B$）称为前轮前束值，如图 4-31 所示。前轮前束的作用是消除因前轮外倾使汽车行驶时向外张开的趋势，减少轮胎磨损和燃料消耗。一般前束值为 0~12mm。

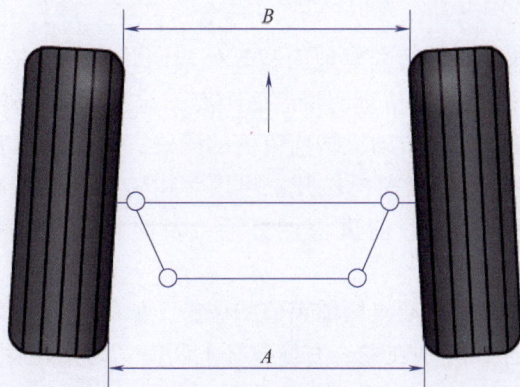

图 4-31　前轮前束

前轮前束值有正值（内八字）、负值（外八字）和零（一字形）三种情况，如图4-32所示。

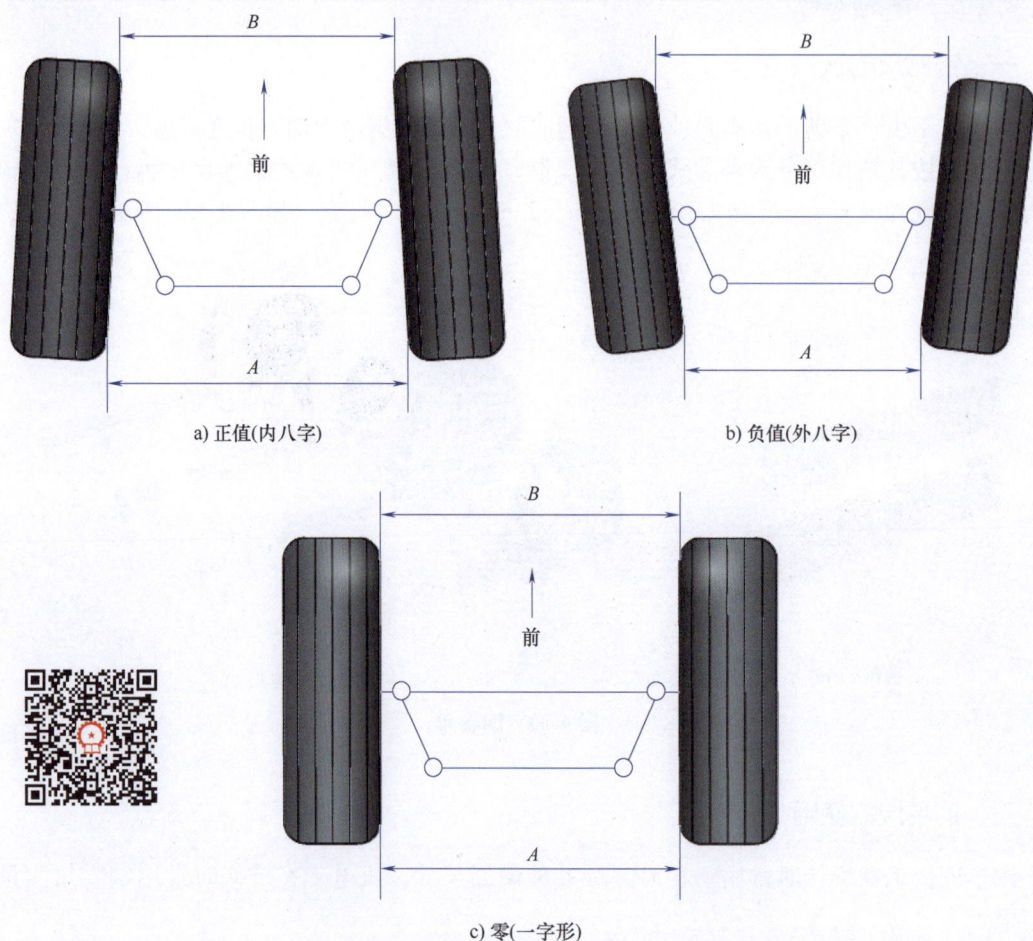

a) 正值(内八字)　　　　　　　　　b) 负值(外八字)

c) 零(一字形)

图 4-32　前轮前束值

前轮前束的检查与调整方法如下：

1）检查轮胎气压是否符合规定值以及转向机构、轮毂轴承预紧度及各拉杆连接的间隙是否正常。

2）举升汽车，在两前轮前面两端离地面相等处或两轮胎内侧轮辋边缘外进行测量距离，然后把两前轮转动180°，再在同一位置测量后面距离，前、后两距离之差即为前束值。

3）与非独立悬架配用的转向传动机构前束值的调整，如图4-33所示。

先把转向横拉杆两端接头锁紧螺栓松开，再用管钳转动转向横拉杆，转向横拉杆伸长，前束值增大，反之，前束值减小。前束值调好后，及时把转向横拉杆左右两端接头螺栓拧紧。

4）与独立悬架配用的转向传动机构前束值的调整，如图4-34所示。

前束值分为左、右两半，分别在左、右横拉杆上调整，调整好后固定横拉杆。

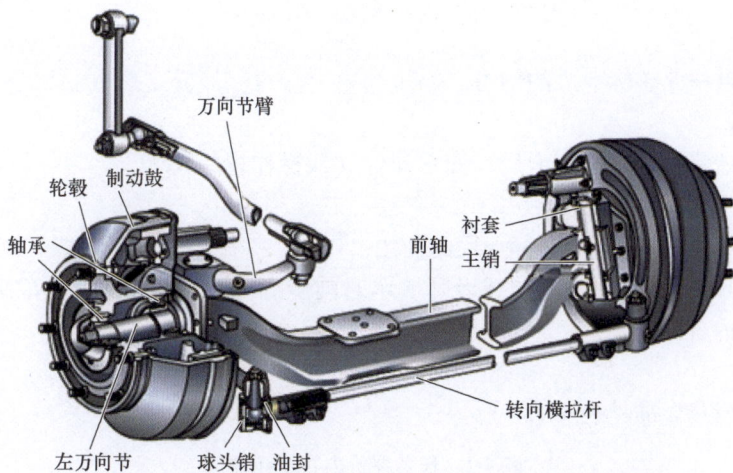

图 4-33　与非独立悬架配用的转向传动机构前束值的调整

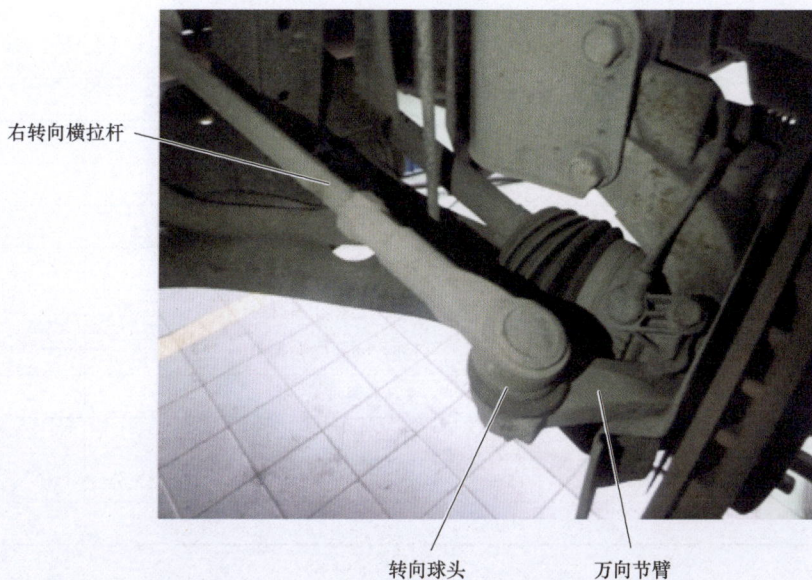

图 4-34　与独立悬架配用的转向传动机构前束值的调整

任务实施

任务一　认识游标卡尺并掌握其使用方法

1. 任务目的描述

1）掌握游标卡尺的使用方法。

2）能用游标卡尺对汽车零件进行测量。

3）能积极主动参与任务，能与小组成员团结协作，能执行实训室"6S"的规定。

2. 任务准备

1）知识准备。

完成项目四第一课游标卡尺的学习。

2）设备准备。

气缸体、气缸盖螺栓、游标卡尺、演示课件（或操作视频）。

3. 任务步骤

1）老师演示或播放视频：游标卡尺的使用。

2）学生练习游标卡尺的使用（或老师演示时同步练习），并完成《汽车维修技能基础工作页》相应部分内容的填写。

4. 任务评价

任务评价内容及标准见表4-1。

表4-1　任务评价内容及标准

序号	项　目	操作内容	分值	评分标准	得分
1	准备	清点工量具、清理工位	5分	酌情扣分	
2	清洁	清洁气缸体、气缸盖螺栓和游标卡尺	5分	操作不当扣1~5分	
3	校零	游标卡尺零点校正	5分	操作不当扣1~5分	
4	测量读数	测量气缸盖螺栓长度	15分	操作不当扣1~15分	
		测量气缸孔口直径	15分	操作不当扣1~15分	
		测量气缸体螺孔内径	15分	操作不当扣1~15分	
		测量气缸体螺孔深度	15分	操作不当扣1~15分	
5	完成时间	20min	10分	超时1~5min扣1~5分 超时5min以上扣10分	
6	安全文明	无安全隐患，无不文明操作	5分	未达标扣1~5分	
7	结束	工量具清洁归位	5分	漏一项扣1分，未做扣5分	
		工作场地清洁	5分	清洁不彻底扣1~5分，未做扣5分	
		总分	100分		

任务二　认识外径千分尺并掌握其使用方法

1. 任务目的描述

1）掌握外径千分尺的使用方法。

2）能用外径千分尺对汽车零件进行测量。

3）能积极主动参与任务，能与小组成员团结协作，能执行实训室"6S"的规定。

2. 任务准备

1）知识准备。

完成项目四第二课外径千分尺的学习。

2）设备准备。

凸轮轴、平板、相同的V形架两个、外径千分尺、演示课件（或操作视频）。

3. 任务步骤

1）老师演示或播放视频：外径千分尺的使用。

2）学生练习外径千分尺的使用（或老师演示时同步练习），并完成《汽车维修技能基础工作页》相应部分内容的填写。

4. 任务评价

任务评价内容及标准见表4-2。

表4-2　任务评价内容及标准

序号	项　目	操 作 内 容	分值	评 分 标 准	得分
1	准备	清点工量具、清理工位	5分	酌情扣分	
2	清洁	清洁凸轮轴和外径千分尺	5分	操作不当扣1~5分	
3	校零	外径千分尺零点校正	5分	操作不当扣1~5分	
4	测量读数	测量凸轮轴轴颈直径	20分	操作不当扣1~20分	
		测量凸轮轴基圆直径	20分	操作不当扣1~20分	
		测量凸轮的高度	20分	操作不当扣1~20分	
5	完成时间	20min	10分	超时1~5min扣1~5分 超时5min以上扣10分	
6	安全文明	无安全隐患，无不文明操作	5分	未达标扣1~5分	
7	结束	工量具清洁归位	5分	漏一项扣1分，未做扣5分	
		工作场地清洁	5分	清洁不彻底扣1~5分，未做扣5分	
	总分		100分		

任务三　认识百分表并掌握其使用方法

1. 任务目的描述

1）掌握百分表的使用方法。

2）能用百分表对汽车零件进行测量。

3）能积极主动参与任务，能与小组成员团结协作，能执行实训室"6S"的规定。

2. 任务准备

1）知识准备。

完成项目四第三课百分表的学习。

2）设备准备。

曲轴、平板、相同的V形架两个、百分表、磁性表座、演示课件（或操作视频）。

3. 任务步骤

1）老师演示或播放视频：曲轴弯曲的测量。

2）学生练习曲轴弯曲的测量（或老师演示时同步练习），并完成《汽车维修技能基础工作页》相应部分内容的填写。

4. 任务评价

任务评价内容及标准见表4-3。

表 4-3 任务评价内容及标准

序号	项　　目	操 作 内 容	分值	评 分 标 准	得分
1	准备	清点工量具、清理工位	5分	酌情扣分	
2	清洁	清洁曲轴并安装好	5分	操作不当扣1~5分	
		清洁、检查百分表及磁性表座	5分	操作不当扣1~5分	
3	安装	安装磁性表座	15分	操作不当扣1~15分	
		将百分表安装到磁性表座上	15分	操作不当扣1~15分	
4	校零	百分表校对零位	15分	操作不当扣1~15分	
5	测量	测量曲轴的弯曲情况	15分	操作不当扣1~15分	
6	完成时间	20min	10分	超时1~5min扣1~5分 超时5min以上扣10分	
7	安全文明	无安全隐患，无不文明操作	5分	未达标扣1~5分	
8	结束	工量具清洁归位	5分	漏一项扣1分，未做扣5分	
		工作场地清洁	5分	清洁不彻底扣1~5分，未做扣5分	
		总分	100分		

任务四　认识量缸表并掌握其使用方法

1. 任务目的描述

1）掌握量缸表的使用方法。

2）能用量缸表对气缸磨损进行测量。

3）能积极主动参与任务，能与小组成员团结协作，能执行实训室"6S"的规定。

2. 任务准备

1）知识准备。

完成项目四第四课量缸表的学习。

2）设备准备。

气缸体、量缸表、演示课件（或操作视频）。

3. 任务步骤

1）老师演示或播放视频：气缸磨损的测量。

2）学生练习气缸磨损的测量（或老师演示时同步练习），并完成《汽车维修技能基础工作页》相应部分内容的填写。

4. 任务评价

任务评价内容及标准见表4-4。

表 4-4 任务评价内容及标准

序号	项　　目	操 作 内 容	分值	评 分 标 准	得分
1	准备	清点工量具、清理工位	5分	酌情扣分	
2	清洁	清洁待测气缸	10分	操作不当扣1~10分	

（续）

序号	项　　目	操 作 内 容	分值	评 分 标 准	得分
3	测量	用游标卡尺测量气缸直径	10分	操作不当扣1~10分	
4	调整	调整外径千分尺数值并固定好	10分	操作不当扣1~10分	
5	组装	组装量缸表	10分	操作不当扣1~10分	
6	调零	量缸表调零	10分	操作不当扣1~10分	
7	测量	测量气缸	20分	操作不当扣1~20分	
8	完成时间	40min	10分	超时1~5min扣1~5分 超时5min以上扣10分	
9	安全文明	无安全隐患，无不文明操作	5分	未达标扣1~5分	
10	结束	工量具清洁归位	5分	漏一项扣1分，未做扣5分	
		工作场地清洁	5分	清洁不彻底扣1~5分，未做扣5分	
		总分	100分		

任务五　认识塞尺和刀口形直尺并掌握其使用方法

1. 任务目的描述

1）掌握塞尺和刀口形直尺的使用方法。

2）能用塞尺和（或）刀口形直尺对汽车零件进行测量。

3）能积极主动参与任务，能与小组成员团结协作，能执行实训室"6S"的规定。

2. 任务准备

1）知识准备。

完成项目四第五课塞尺和刀口形直尺的学习。

2）设备准备。

气缸体（或气缸盖）、塞尺、刀口形直尺、演示课件（或操作视频）。

3. 任务步骤

1）老师演示或播放视频：气缸体（或气缸盖）平面度的测量。

2）学生练习气缸体（或气缸盖）平面度的测量（或老师演示时同步练习），并完成《汽车维修技能基础工作页》相应部分内容的填写。

4. 任务评价

任务评价内容及标准见表4-5。

表4-5　任务评价内容及标准

序号	项　　目	操 作 内 容	分值	评 分 标 准	得分
1	准备	清点工量具、清理工位	5分	酌情扣分	
2	清洁	清洁待测气缸体（或气缸盖）	10分	操作不当扣1~10分	
3	检查	检查并清洁刀口形直尺	10分	操作不当扣1~10分	
4	选用	选用合适的塞尺	10分	操作不当扣1~10分	

（续）

序号	项　目	操作内容	分值	评分标准	得分
5	测量	测量气缸体（或气缸盖）平面度	40 分	操作不当扣 1~40 分	
6	完成时间	20min	10 分	超时 1~5min 扣 1~5 分 超时 5min 以上扣 10 分	
7	安全文明	无安全隐患，无不文明操作	5 分	未达标扣 1~5 分	
8	结束	工量具清洁归位	5 分	漏一项扣 1 分，未做扣 5 分	
		工作场地清洁	5 分	清洁不彻底扣 1~5 分，未做扣 5 分	
		总分	100 分		

任务六　认识钢卷尺并掌握其使用方法

1. 任务目的描述

1）掌握钢卷尺的使用方法。

2）能用钢卷尺调整汽车前轮前束。

3）能积极主动参与任务，能与小组成员团结协作，能执行实训室"6S"的规定。

2. 任务准备

1）知识准备。

完成项目四第六课钢卷尺的学习。

2）设备准备。

汽车、钢卷尺、管钳、千斤顶、扳手、演示课件（或操作视频）。

3. 任务步骤

1）老师演示或播放视频：汽车前轮前束的调整。

2）学生练习汽车前轮前束的调整（或老师演示时同步练习），并完成《汽车维修技能基础工作页》相应部分内容的填写。

4. 任务评价

任务评价内容及标准见表 4-6。

表 4-6　任务评价内容及标准

序号	项　目	操作内容	分值	评分标准	得分
1	准备	清点工量具、清理工位	5 分	酌情扣分	
2	检查	检查轮胎气压是否符合规定值以及转向机构、轮毂轴承预紧度及各拉杆连接的间隙是否正常	10 分	操作不当扣 1~10 分	
3	举升汽车	举升汽车至方便调整的高度	10 分	操作不当扣 1~10 分	
4	测量	测量两轮胎内侧轮辋外边缘距离（前面）	10 分	操作不当扣 1~10 分	

（续）

序号	项　目	操作内容	分值	评分标准	得分
5	旋转	两前轮旋转180°	10分	操作不当扣1~10分	
6	测量	测量两轮胎内侧轮辋外边缘距离（后面）	10分	操作不当扣1~10分	
7	调整	松开锁紧螺栓调整	10分	操作不当扣1~10分	
8	再次测量调整	再次测量距离，调整到符合要求为止	10分	操作不当扣1~10分	
9	完成时间	20min	10分	超时1~5min扣1~5分 超时5min以上扣10分	
10	安全文明	无安全隐患，无不文明操作	5分	未达标扣1~5分	
11	结束	工量具清洁归位	5分	漏一项扣1分，未做扣5分	
		工作场地清洁	5分	清洁不彻底扣1~5分，未做扣5分	
		总分	100分		

巩固与提高

一、填空题

1. 游标卡尺按显示方式分有_____游标卡尺、_____游标卡尺和_____游标卡尺三种。

2. 游标卡尺由外测量爪、_____、紧固螺钉、_____、尺身和深度卡尺组成。

3. 外径千分尺主要由尺架、_____、测微螺杆、_____、活动套管、微调和偏心锁紧手柄等组成。

4. 外径千分尺测微螺杆的螺距是_____mm，当活动套管转1格时，测微螺杆移动_____mm。

5. 百分表是一种精度较高的比较量具，它只能测出_____，不能测出_____。

6. 百分表主指针偏转1格相当于测头移动_____mm。

7. 量缸表又称为_____百分表，是用于测量_____的比较性测量工具。

8. 刀口形直尺主要用于以光隙法进行_____和_____测量，常和_____配合使用。

9. 汽车前轮前束值有_____、_____和_____三种情况。

二、判断题

1. 用五十分度游标卡尺测量工件，读数值的最后一位可能为奇数。　　　　　（　　）

2. 外径千分尺的测量精度比游标卡尺高。　　　　　（　　）

3. 百分表在使用过程中可以不预压缩。　　　　　（　　）

4. 塞尺使用时，叠加的钢片片数多少不限。　　　　　（　　）

5. 在进行前轮前束检测前，不需要对轮胎气压进行检查。　　　　　（　　）

三、单项选择题

1. 游标卡尺没有的分度值是（　　）。

A. 0.10mm　　　　　B. 0.05mm　　　　　C. 0.02mm　　　　　D. 0.01mm

2. 游标卡尺外测量爪用来测量（　　　）。

A. 内径　　　　　　B. 外径　　　　　　C. 深度　　　　　　D. 槽宽

3. 百分表主指针偏转1周，小指针偏转（　　）格。

A. 1格　　　　　　B. 2格　　　　　　C. 3格　　　　　　D. 4格

4. 测量汽车前轮前束的量具是（　　　）。

A. 游标卡尺　　　　B. 刀口形直尺　　　C. 钢卷尺　　　　　D. 塞尺

5. 测量气门间隙的量具是（　　　）。

A. 游标卡尺　　　　B. 外径千分尺　　　C. 钢卷尺　　　　　D. 塞尺

6. 以下用于测量气缸直径的量具是（　　　）。

A. 外径千分尺　　　B. 量缸表　　　　　C. 钢卷尺　　　　　D. 塞尺

四、简答题

1. 简述游标卡尺的使用步骤。

2. 简述外径千分尺的使用步骤。

3. 简述量缸表的使用步骤。

五、读出图4-35中游标卡尺（0.02mm）和外径千分尺的读数。

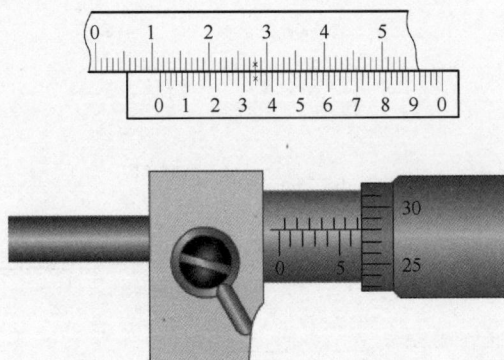

图4-35　游标卡尺和外径千分尺

项目五

学习目标

知识目标
知道汽车维修常用的检测工具和仪表的种类及使用方法。

技能目标
学会汽车维修常用的检测工具和仪表的使用方法。

素养目标
职业素质和劳动习惯的培养。

典型工作任务

任务一 掌握万用表的使用方法
任务二 掌握汽车故障诊断仪的使用方法
任务三 掌握兆欧表和钳形电流表的使用方法

知识准备

第一课 万用表

一、万用表的认识

1. 万用表的作用及种类

汽车用万用表主要用来检测直流电压、直流电流、交流电压及导线的电阻等参数，还可以用来检测转速、闭合角、占空比（频宽比）、频率、压力、时间、电容、电感、半导体元件及温度等。万用表按显示方式的不同可分为指针式万用表和数字式万用表两种，指针式万用表已逐渐被淘汰，如图 5-1 所示。

a) 指针式万用表 b) 数字式万用表

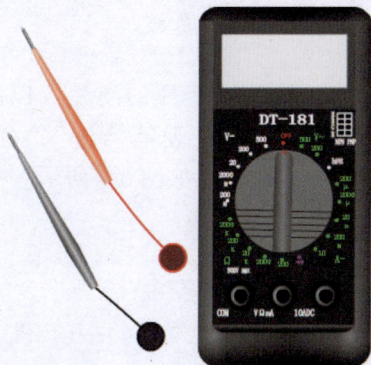

图 5-1 万用表的类型

2. 万用表的结构

DT-181 数字式万用表的面板结构如图 5-2 所示。"V−"表示直流电压档，"V~"表示交流电压档，"A−"表示直流电流档。

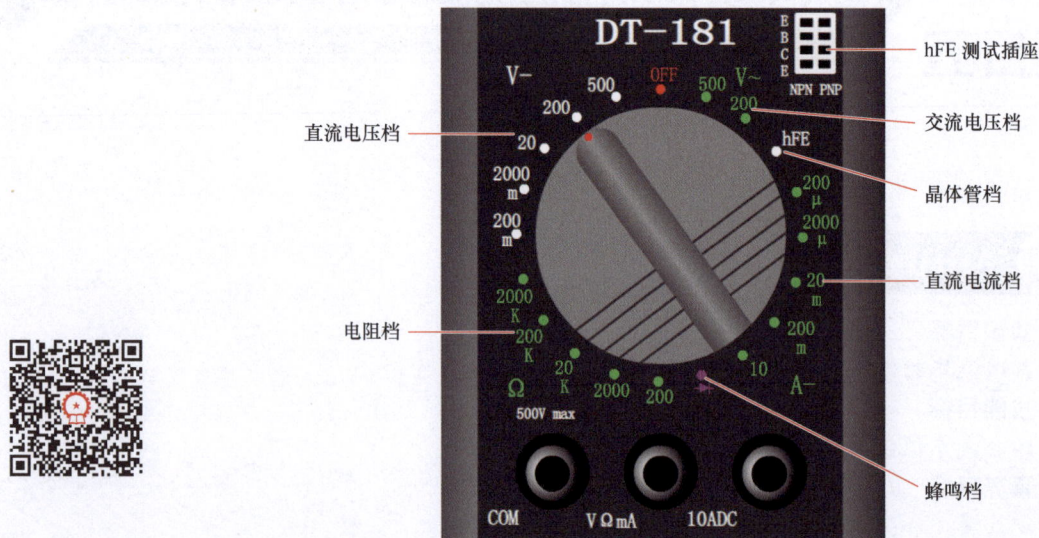

图 5-2　DT-181 数字式万用表的面板结构

二、DT-181 数字式万用表的使用方法

1. 电压的测量

（1）直流电压的测量　以测量汽车蓄电池电压（12V 直流）为例，首先将黑表笔插进"COM"孔，红表笔插进"VΩmA"孔。然后把旋钮旋到比估计值大的量程，此处选择"20V−"档，如图 5-3 所示。最后将红表笔接触蓄电池正极，黑表笔接触蓄电池负极，蓄电池电压可以直接从显示屏上读取。

> **职场健康与安全：**
>
> 　在万用表测量过程中，若显示为"1."，则表明所选量程太小，那么就要加大量程后再测量。如果在数值左边出现"−"，则表明表笔极性与实际电源极性相反，此时红表笔接的是负极。

（2）交流电压的测量　以测量照明电路电压（220V 交流）为例，首先将黑表笔插进"COM"孔，红表笔插进"VΩmA"孔。然后把旋钮旋到比估计值大的量程，此处选择"500V~"档，如图 5-4 所示。交流电压无正负极之分，红黑表笔接触电源插孔不用区分，只要稳定接触即可。

> **职场健康与安全：**
>
> 　无论测量交流电压还是直流电压，都要注意人身安全，不要随便用手触摸表笔的金属部分。

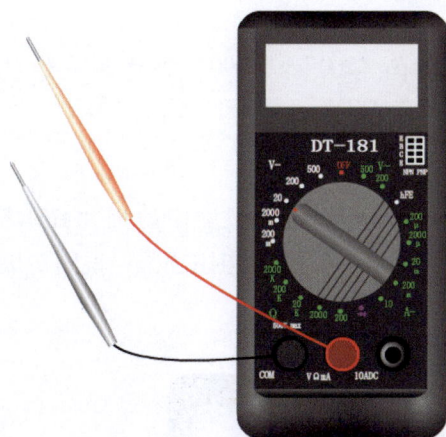

图 5-3　汽车蓄电池电压的测量

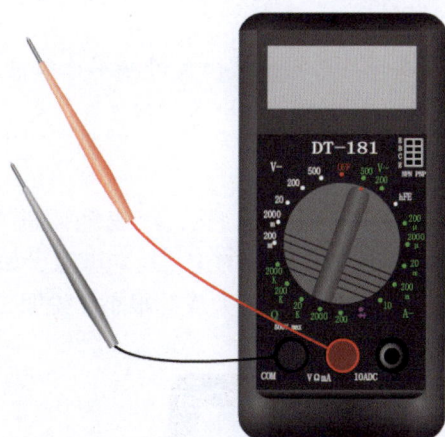

图 5-4　照明电路电压的测量

2. 电流的测量

以汽车全车漏电量的检测为例，介绍直流电流的测量方法。汽车静态放电量一般在 50mA 以内就属于正常。首先将黑表笔插进"COM"孔，红表笔插进"VΩmA"孔。然后把旋钮旋到比估计值大的量程，此处选择"200mA-"档，如图 5-5a 所示。最后按以下步骤进行：

a)　　　　　　b)

图 5-5　汽车全车漏电量的检测

1）将点火开关置于"LOCK"档，遥控上锁。

2）万用表红表笔接蓄电池负极接线柱上，并固定好，如图 5-5b 所示。

3）松开蓄电池负极电缆螺钉，万用表黑表笔接蓄电池负极，然后慢慢移开蓄电池负极电缆。

4）等待车辆各种模块进入休眠，读出准确的静态放电量。

3. 电阻的测量

首先将黑表笔插进"COM"孔，红表笔插进"VΩmA"孔，然后把旋钮旋到比估计值大的量程，如图 5-6 所示。最后将表笔接在电阻两端的金属部位，测量电阻过程中可以用手接触电阻，但不要把手同时接触电阻两端，这样会影响测量的精度。

4. 二极管的测量

　　首先将黑表笔插进"COM"孔，红表笔插进"VΩmA"孔，然后把旋钮旋到"蜂鸣"档，如图 5-7 所示。测量二极管的正、反向电阻，如果正向电阻小，反向电阻很大，说明二极管是好的；若正、反向电阻都很大或都很小，说明二极管是坏的。

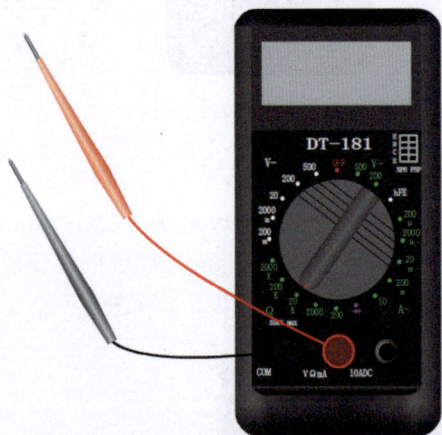

图 5-6　电阻的测量

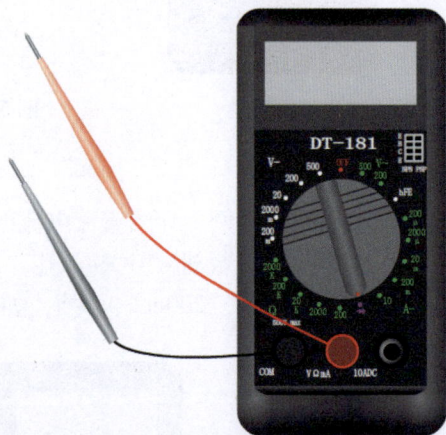

图 5-7　二极管的测量

第二课　汽车故障诊断仪

一、汽车故障诊断仪的认识

1. 汽车故障诊断仪的作用

　　汽车系统出现故障时，故障指示灯点亮，控制模块将故障信息存入存储器。通过汽车故障诊断仪可以将故障码从汽车电子控制单元（ECU）里读出，并解析其含义。根据故障码的提示，维修人员能迅速准确地确定故障的原因和部位。

　　汽车故障诊断仪是汽车维修中非常重要的工具，一般具有以下几项或全部的功能：读取故障码，清除故障码，读取发动机动态数据流，示波功能，元件动作测试，匹配、设定和编码等功能，英汉辞典、计算器及其他辅助功能。图 5-8 所示为 KT660 汽车故障诊断仪。

2. 汽车故障诊断仪的种类

　　汽车故障诊断仪一般可分为两种，一种是针对汽车发动机或电路故障诊断的，另一种是针对车门

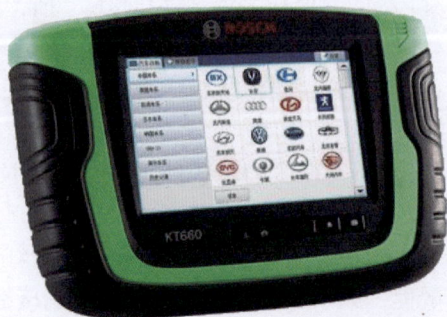

图 5-8　KT660 汽车故障诊断仪

目　　录

工作页 1-1　了解汽车维修企业

任 务 名 称	了解汽车维修企业
日　　　期	
第＿＿＿小组成员	

一、收集信息

[引导问题]

1. 汽车维修常用的工具。

2. 汽车维修常用的量具。

3. 汽车维修常用的检测工具和仪表。

4. 汽车维修常用的设备。

[查阅资料]

汽车维修行业企业对人才能力的需求。

二、计划组织

小 组 组 别	
设备工具	笔记本、笔、＿＿＿＿＿＿＿＿＿＿＿＿＿＿＿＿＿＿＿＿＿＿＿＿＿＿＿ ＿＿＿＿＿＿＿＿＿＿＿＿＿＿＿＿＿＿＿＿＿＿＿＿＿＿＿＿＿＿＿＿
组织安排	一组两人：A. 询问观察，B. 记录
准备工作	提前联系与学校深度合作的汽车维修企业

三、任务实施

参 观 项 目	内　　容	完 成 情 况
汽车维修主要流程		□完成　□未完成
企业管理制度		□完成　□未完成
汽车维修安全常识		□完成　□未完成
汽车维护		□完成　□未完成
汽车修理		□完成　□未完成

四、评价反思

在教师的指导下，反思自己的工作方式和工作质量。

项　　目	评 价 指 标	自　　评		互　　评	
专业技能	了解汽车维修企业	□合格	□不合格	□合格	□不合格
	按照质量要求完成作业内容	□合格	□不合格	□合格	□不合格
	完整填写工作页	□合格	□不合格	□合格	□不合格
工作态度	着装规范，符合职业要求	□合格	□不合格	□合格	□不合格
	正确查阅维修资料和学习材料	□合格	□不合格	□合格	□不合格
	分工明确，配合默契	□合格	□不合格	□合格	□不合格
个人反思		完成任务的安全、质量、时间和 6S 要求，是否达到最佳程度，请提出个人改进建议			
教师评价	教师签字 年　月　日	成绩			
		□合格　　□不合格			

工作页 2-1 认识螺纹联接类型

任务名称	认识螺纹联接类型
日　期	
第＿＿＿小组成员	

一、收集信息

[引导问题]

1. 螺纹的基本要素。

2. 常用的螺纹紧固件。

[查阅资料]

四种螺纹联接的应用场合。

二、计划组织

小组组别	
设备工具	汽车、＿＿＿＿＿＿＿＿＿＿＿＿＿＿＿＿＿＿＿＿＿＿＿＿＿＿＿
组织安排	一组两人：A. 查找，B. 记录
准备工作	检查安全环保措施、熟悉布置工作场景

三、任务实施

	作业内容	质量要求	完成情况
准备	清点工量具、清理工位		□完成 □未完成
螺栓联接			□完成 □未完成
双头螺柱联接			□完成 □未完成
螺钉连接			□完成 □未完成
紧定螺钉连接			□完成 □未完成
结束	工量具清洁归位、工作场地清洁		□完成 □未完成

四、评价反思

在教师的指导下，反思自己的工作方式和工作质量。

项　　目	评价指标	自　评		互　评	
专业技能	汽车上的螺纹联接类型	□合格	□不合格	□合格	□不合格
	按照质量要求完成作业内容	□合格	□不合格	□合格	□不合格
	完整填写工作页	□合格	□不合格	□合格	□不合格
工作态度	着装规范，符合职业要求	□合格	□不合格	□合格	□不合格
	正确查阅维修资料和学习材料	□合格	□不合格	□合格	□不合格
	分工明确，配合默契	□合格	□不合格	□合格	□不合格
个人反思		完成任务的安全、质量、时间和6S要求，是否达到最佳程度，请提出个人改进建议			
教师评价	教师签字 年 月 日	成绩			
		□合格 □不合格			

4

工作页 2-2 掌握螺纹联接防松措施

任 务 名 称	掌握螺纹联接防松措施
日 期	
第___小组成员	

一、收集信息

[引导问题]

螺纹联接为什么要防松?

[查阅资料]

螺纹联接三种防松措施的应用场合。

二、计划组织

小 组 组 别	
设备工具	汽车、_____
组织安排	一组两人:A. 查找,B. 记录
准备工作	检查安全环保措施、熟悉布置工作场景

三、任务实施

作业内容		质 量 要 求	完 成 情 况
准备	清点工量具、清理工位		□完成　□未完成
摩擦防松	双螺母防松		□完成　□未完成
	弹簧垫圈防松		□完成　□未完成
机械防松	开口销与带槽螺母防松		□完成　□未完成
	止动垫圈防松		□完成　□未完成
	串联钢丝防松		□完成　□未完成
永久防松	点焊法防松		□完成　□未完成
	铆接法防松		□完成　□未完成
	粘接法防松		□完成　□未完成
结束	工量具清洁归位、工作场地清洁		□完成　□未完成

四、评价反思

在教师的指导下，反思自己的工作方式和工作质量。

项 目	评 价 指 标	自 评		互 评	
专业技能	汽车上的螺纹联接防松措施	□合格	□不合格	□合格	□不合格
	按照质量要求完成作业内容	□合格	□不合格	□合格	□不合格
	完整填写工作页	□合格	□不合格	□合格	□不合格
工作态度	着装规范，符合职业要求	□合格	□不合格	□合格	□不合格
	正确查阅维修资料和学习材料	□合格	□不合格	□合格	□不合格
	分工明确，配合默契	□合格	□不合格	□合格	□不合格
个人反思		完成任务的安全、质量、时间和 6S 要求，是否达到最佳程度，请提出个人改进建议			
教师评价	教师签字 年 月 日	成绩			
		□合格　　□不合格			

工作页 3-1 拆装发动机机体组

任 务 名 称	拆装发动机机体组
日 期	
第___小组成员	

一、收集信息

[引导问题]

1. 机体组的构造如下图所示，请填写名称。

序号	名　称
1	
2	
3	
4	
5	

2. 在下图中填入气缸盖螺栓的拆卸顺序。

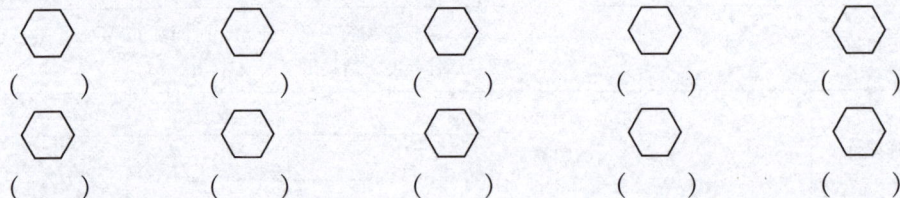

( )　　( )　　( )　　( )　　( )

( )　　( )　　( )　　( )　　( )

[查阅资料]

如何识别气缸垫的正、反面？

二、计划组织

小 组 组 别	
设备工具	发动机、发动机拆装工具、_____
组织安排	一组两人：A. 操作，B. 观察及记录。各任务间轮换角色
准备工作	检查安全环保措施、熟悉布置工作场景

三、任务实施

作业内容		质量要求	完成情况
准备	清点工具、清理工位		☐完成　☐未完成
拆卸	拆卸气缸盖罩		☐完成　☐未完成
	拆卸气缸盖和气缸垫		☐完成　☐未完成
	拆卸油底壳		☐完成　☐未完成
清洗	清洗机体组各零部件		☐完成　☐未完成
安装	安装油底壳		☐完成　☐未完成
	安装气缸盖和气缸垫		☐完成　☐未完成
	安装气缸盖罩		☐完成　☐未完成
结束	工具清洁归位、工作场地清洁		☐完成　☐未完成

四、评价反思

在教师的指导下，反思自己的工作方式和工作质量。

项　目	评价指标	自　评	互　评
专业技能	拆装发动机机体组	☐合格　☐不合格	☐合格　☐不合格
	按照质量要求完成作业内容	☐合格　☐不合格	☐合格　☐不合格
	完整填写工作页	☐合格　☐不合格	☐合格　☐不合格
工作态度	着装规范，符合职业要求	☐合格　☐不合格	☐合格　☐不合格
	正确查阅维修资料和学习材料	☐合格　☐不合格	☐合格　☐不合格
	分工明确，配合默契	☐合格　☐不合格	☐合格　☐不合格
个人反思		完成任务的安全、质量、时间和6S要求，是否达到最佳程度，请提出个人改进建议	
教师评价	教师签字 年　月　日	成绩	
		☐合格　　☐不合格	

工作页 3-2 拆装火花塞

任 务 名 称	拆装火花塞
日 期	
第___小组成员	

一、收集信息

[引导问题]
火花塞套筒的种类。

[查阅资料]
不同电极类型的火花塞。

二、计划组织

小 组 组 别	
设备工具	汽车、火花塞套筒、扳手、_____
组织安排	一组两人：A. 操作，B. 观察及记录。各任务间轮换角色
准备工作	检查安全环保措施、熟悉布置工作场景

三、任务实施

作 业 内 容		质 量 要 求	完 成 情 况
准备	清点工具、清理工位		□完成 □未完成
拆卸	拆卸火花塞		□完成 □未完成
安装	安装火花塞		□完成 □未完成
测试	起动发动机检查运行情况		□完成 □未完成
结束	工具清洁归位、工作场地清洁		□完成 □未完成

四、评价反思

在教师的指导下，反思自己的工作方式和工作质量。

项　目	评价指标	自　评		互　评	
专业技能	拆装火花塞	□合格	□不合格	□合格	□不合格
	按照质量要求完成作业内容	□合格	□不合格	□合格	□不合格
	完整填写工作页	□合格	□不合格	□合格	□不合格
工作态度	着装规范，符合职业要求	□合格	□不合格	□合格	□不合格
	正确查阅维修资料和学习材料	□合格	□不合格	□合格	□不合格
	分工明确，配合默契	□合格	□不合格	□合格	□不合格
个人反思		完成任务的安全、质量、时间和 6S 要求，是否达到最佳程度，请提出个人改进建议			
教师评价	教师签字 年　月　日	成绩			
		□合格　　　□不合格			

工作页 3-3　更换机油滤清器

任 务 名 称	更换机油滤清器
日　期	
第___小组成员	

一、收集信息

[引导问题]

1. 拧紧机油滤清器的三种情况。

2. 更换机油滤清器的步骤：

_____

_____

_____

_____

_____

[查阅资料]

机油滤清器扳手的种类。

二、计划组织

小 组 组 别	
设备工具	汽车、举升机、机油滤清器扳手、_____
组织安排	一组两人：A. 操作，B. 观察及记录。各任务间轮换角色
准备工作	检查安全环保措施、熟悉布置工作场景

三、任务实施

	作 业 内 容	质 量 要 求	完 成 情 况
准备	清点工具、清理工位		□完成 □未完成
拆卸	拆卸旧机油滤清器		□完成 □未完成
安装	安装新机油滤清器		□完成 □未完成
添加	添加机油		□完成 □未完成
检查	检查新机油滤清器等处是否漏油		□完成 □未完成
结束	工具清洁归位、工作场地清洁		□完成 □未完成

四、评价反思

在教师的指导下，反思自己的工作方式和工作质量。

项 目	评 价 指 标	自 评		互 评	
专业技能	更换机油滤清器	□合格	□不合格	□合格	□不合格
	按照质量要求完成作业内容	□合格	□不合格	□合格	□不合格
	完整填写工作页	□合格	□不合格	□合格	□不合格
工作态度	着装规范，符合职业要求	□合格	□不合格	□合格	□不合格
	正确查阅维修资料和学习材料	□合格	□不合格	□合格	□不合格
	分工明确，配合默契	□合格	□不合格	□合格	□不合格
个人反思		完成任务的安全、质量、时间和 6S 要求，是否达到最佳程度，请提出个人改进建议			
教师评价	教师签字 年 月 日	成绩			
		□合格 □不合格			

工作页 3-4　拆装发动机活塞环

任 务 名 称	拆装发动机活塞环
日　　期	
第＿＿小组成员	

一、收集信息
[引导问题]
活塞环分为＿＿＿＿＿＿和＿＿＿＿＿＿两种。
[查阅资料]
如何区分发动机第一道气环和第二道气环？

二、计划组织

小 组 组 别	
设备工具	活塞连杆组总成、发动机活塞环拆装钳、＿＿＿＿＿＿＿＿＿＿＿＿＿＿＿＿
组织安排	一组两人：A. 操作，B. 观察及记录。各任务间轮换角色
准备工作	检查安全环保措施、熟悉布置工作场景

三、任务实施

	作 业 内 容	质 量 要 求	完 成 情 况	
准备	清点工具、清理工位		☐完成	☐未完成
拆卸	拆卸活塞环		☐完成	☐未完成
清洁	清洁活塞环及活塞环槽		☐完成	☐未完成
安装	安装活塞环		☐完成	☐未完成
结束	工具清洁归位、工作场地清洁		☐完成	☐未完成

四、评价反思

在教师的指导下，反思自己的工作方式和工作质量。

项　目	评价指标	自　评		互　评	
专业技能	拆装发动机活塞环	□合格	□不合格	□合格	□不合格
	按照质量要求完成作业内容	□合格	□不合格	□合格	□不合格
	完整填写工作页	□合格	□不合格	□合格	□不合格
工作态度	着装规范，符合职业要求	□合格	□不合格	□合格	□不合格
	正确查阅维修资料和学习材料	□合格	□不合格	□合格	□不合格
	分工明确，配合默契	□合格	□不合格	□合格	□不合格
个人反思		完成任务的安全、质量、时间和6S要求，是否达到最佳程度，请提出个人改进建议			
教师评价	教师签字 　年　月　日	成绩			
		□合格　　□不合格			

工作页 3-5 拆装活塞连杆组

任 务 名 称	拆装活塞连杆组
日　　期	
第＿＿小组成员	

一、收集信息

[引导问题]

活塞安装专用工具的种类。

[查阅资料]

活塞环缺口如何错开?

二、计划组织

小 组 组 别	
设备工具	发动机、活塞安装专用工具、扳手、＿＿＿＿＿＿＿＿＿＿＿＿＿＿＿＿
组织安排	一组两人:A.操作,B.观察及记录。各任务间轮换角色
准备工作	检查安全环保措施、熟悉布置工作场景

三、任务实施

	作 业 内 容	质 量 要 求	完 成 情 况
准备	清点工具、清理工位		□完成　□未完成
拆卸	拆卸活塞连杆组		□完成　□未完成
清洁	清洁活塞连杆组及气缸		□完成　□未完成
安装	安装活塞连杆组		□完成　□未完成
结束	工具清洁归位、工作场地清洁		□完成　□未完成

四、评价反思

在教师的指导下，反思自己的工作方式和工作质量。

项　目	评 价 指 标	自　评		互　评	
专业技能	拆装活塞连杆组	□合格	□不合格	□合格	□不合格
	按照质量要求完成作业内容	□合格	□不合格	□合格	□不合格
	完整填写工作页	□合格	□不合格	□合格	□不合格
工作态度	着装规范，符合职业要求	□合格	□不合格	□合格	□不合格
	正确查阅维修资料和学习材料	□合格	□不合格	□合格	□不合格
	分工明确，配合默契	□合格	□不合格	□合格	□不合格
个人反思		完成任务的安全、质量、时间和6S要求，是否达到最佳程度，请提出个人改进建议			
教师评价	教师签字 年　月　日	成绩			
		□合格　　　□不合格			

工作页 3-6　拆装气门组

任 务 名 称	拆装气门组
日　　　期	
第____小组成员	

一、收集信息

[引导问题]

气门组的构造如下图所示，写出图中各部分的名称。

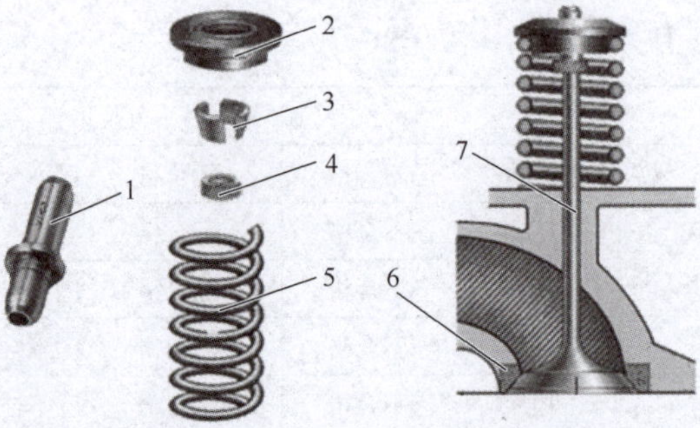

序号	名　　称
1	
2	
3	
4	
5	
6	
7	

[查阅资料]

气门导管在气缸盖内是间隙配合还是过盈配合？

二、计划组织

小 组 组 别	
设 备 工 具	气缸盖总成、气门拆装钳、_____
组织安排	一组两人：A. 操作，B. 观察及记录。各任务间轮换角色
准备工作	检查安全环保措施、熟悉布置工作场景

三、任务实施

	作业内容	质量要求	完成情况
准备	清点工具、清理工位		□完成 □未完成
拆卸	拆卸气门锁片		□完成 □未完成
	拆卸气门弹簧和气门弹簧座		□完成 □未完成
	拆卸气门		□完成 □未完成
清洗	清洗气门组各零部件		□完成 □未完成
安装	安装气门		□完成 □未完成
	安装气门弹簧和气门弹簧座		□完成 □未完成
	安装气门锁片		□完成 □未完成
结束	工具清洁归位、工作场地清洁		□完成 □未完成

四、评价反思

在教师的指导下，反思自己的工作方式和工作质量。

项　　目	评价指标	自　评	互　评
专业技能	拆装气门组	□合格 □不合格	□合格 □不合格
	按照质量要求完成作业内容	□合格 □不合格	□合格 □不合格
	完整填写工作页	□合格 □不合格	□合格 □不合格
工作态度	着装规范，符合职业要求	□合格 □不合格	□合格 □不合格
	正确查阅维修资料和学习材料	□合格 □不合格	□合格 □不合格
	分工明确，配合默契	□合格 □不合格	□合格 □不合格
个人反思		完成任务的安全、质量、时间和 6S 要求，是否达到最佳程度，请提出个人改进建议	
教师评价	教师签字 年 月 日	成绩	
		□合格　　□不合格	

工作页 3-7 加注润滑脂

任 务 名 称	加注润滑脂
日　　期	
第＿＿小组成员	

一、收集信息

[引导问题]

手动黄油枪的使用步骤：

_____

_____

_____

_____

_____

[查阅资料]

润滑脂的种类。

二、计划组织

小 组 组 别	
设备工具	汽车、黄油枪、润滑脂、_____
组织安排	一组两人：A. 操作，B. 观察及记录。各任务间轮换角色
准备工作	检查安全环保措施、熟悉布置工作场景

三、任务实施

作业内容		质 量 要 求	完 成 情 况
准备	清点工具、清理工位		□完成　□未完成
黄油枪加注	黄油枪加注润滑脂并组装		□完成　□未完成
汽车加注	给需要用润滑脂润滑的部位加注润滑脂		□完成　□未完成
结束	工具清洁归位、工作场地清洁		□完成　□未完成

四、评价反思

在教师的指导下，反思自己的工作方式和工作质量。

项　　目	评价指标	自　　评		互　　评	
专业技能	汽车加注润滑脂	□合格	□不合格	□合格	□不合格
	按照质量要求完成作业内容	□合格	□不合格	□合格	□不合格
	完整填写工作页	□合格	□不合格	□合格	□不合格
工作态度	着装规范，符合职业要求	□合格	□不合格	□合格	□不合格
	正确查阅维修资料和学习材料	□合格	□不合格	□合格	□不合格
	分工明确，配合默契	□合格	□不合格	□合格	□不合格
个人反思		完成任务的安全、质量、时间和 6S 要求，是否达到最佳程度，请提出个人改进建议			
教师评价	教师签字 年　月　日	成绩			
		□合格　　□不合格			

工作页 4-1 认识游标卡尺并掌握其使用方法

任 务 名 称	认识游标卡尺并掌握其使用方法
日　　期	
第＿＿小组成员	

一、收集信息

[引导问题]

1. 游标卡尺的结构如下图所示，写出图中各部分的名称。

序号	名　　称
1	
2	
3	
4	
5	
6	

2. 游标卡尺的读数步骤：

_____

_____

[查阅资料]

游标卡尺的种类。

二、计划组织

小 组 组 别	
设备工具	气缸体、气缸盖螺栓、游标卡尺、_____
组织安排	一组两人：A. 操作，B. 观察及记录。各任务间轮换角色
准备工作	检查安全环保措施、熟悉布置工作场景

三、任务实施

	作 业 内 容	质 量 要 求	完 成 情 况
准备	清点工量具、清理工位		□完成　□未完成
清洁	清洁气缸体、气缸盖螺栓和游标卡尺		□完成　□未完成
校零	游标卡尺零点校正		□完成　□未完成
测量读数	测量气缸盖螺栓长度		□完成　□未完成
	测量气缸孔口直径		□完成　□未完成
	测量气缸体螺孔内径		□完成　□未完成
	测量气缸体螺孔深度		□完成　□未完成
结束	工量具清洁归位、工作场地清洁		□完成　□未完成

四、评价反思

在教师的指导下，反思自己的工作方式和工作质量。

项　　目	评 价 指 标	自　　评	互　　评
专业技能	认识游标卡尺并掌握其使用方法	□合格　□不合格	□合格　□不合格
	按照质量要求完成作业内容	□合格　□不合格	□合格　□不合格
	完整填写工作页	□合格　□不合格	□合格　□不合格
工作态度	着装规范，符合职业要求	□合格　□不合格	□合格　□不合格
	正确查阅维修资料和学习材料	□合格　□不合格	□合格　□不合格
	分工明确，配合默契	□合格　□不合格	□合格　□不合格
个人反思		完成任务的安全、质量、时间和 6S 要求，是否达到最佳程度，请提出个人改进建议	
教师评价	教师签字 年　月　日	成绩	
		□合格　　　□不合格	

工作页 4-2　认识外径千分尺并掌握其使用方法

任 务 名 称	认识外径千分尺并掌握其使用方法
日　　期	
第＿＿小组成员	

一、收集信息

[引导问题]

1. 外径千分尺的结构如下图所示，写出图中各部分的名称。

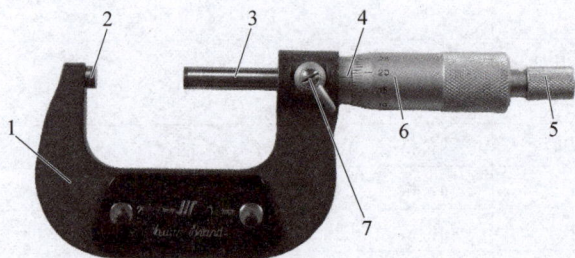

序号	名　　称
1	
2	
3	
4	
5	
6	
7	

2. 外径千分尺的读数步骤：

_____

_____

_____

[查阅资料]

外径千分尺的种类。

二、计划组织

小 组 组 别	
设备工具	凸轮轴、平板、相同的 V 形架两个、外径千分尺、_____
组织安排	一组两人：A. 操作，B. 观察及记录。各任务间轮换角色
准备工作	检查安全环保措施、熟悉布置工作场景

三、任务实施

	作 业 内 容	质 量 要 求	完 成 情 况
准备	清点工量具、清理工位		□完成　□未完成
清洁	清洁凸轮轴和外径千分尺		□完成　□未完成
校零	外径千分尺零点校正		□完成　□未完成
测量读数	测量凸轮轴轴颈直径		□完成　□未完成
	测量凸轮轴基圆直径		□完成　□未完成
	测量凸轮的高度		□完成　□未完成
结束	工量具清洁归位、工作场地清洁		□完成　□未完成

四、评价反思

在教师的指导下，反思自己的工作方式和工作质量。

项　目	评价指标	自　评	互　评
专业技能	认识外径千分尺并掌握其使用方法	□合格　□不合格	□合格　□不合格
	按照质量要求完成作业内容	□合格　□不合格	□合格　□不合格
	完整填写工作页	□合格　□不合格	□合格　□不合格
工作态度	着装规范，符合职业要求	□合格　□不合格	□合格　□不合格
	正确查阅维修资料和学习材料	□合格　□不合格	□合格　□不合格
	分工明确，配合默契	□合格　□不合格	□合格　□不合格
个人反思		完成任务的安全、质量、时间和 6S 要求，是否达到最佳程度，请提出个人改进建议	
教师评价	教师签字 年　月　日	成绩	
		□合格　□不合格	

工作页 4-3 认识百分表并掌握其使用方法

任 务 名 称	认识百分表并掌握其使用方法
日　　　期	
第____小组成员	

一、收集信息

[引导问题]

1. 外径百分表的组成。

2. 外径百分表的使用步骤：

_____

_____

_____

[查阅资料]

百分表的测量范围。

二、计划组织

小 组 组 别	
设备工具	曲轴、平板、相同的 V 形架两个、百分表、磁性表座、_____
组织安排	一组两人：A. 操作，B. 观察及记录。各任务间轮换角色
准备工作	检查安全环保措施、熟悉布置工作场景

三、任务实施

	作业内容	质量要求	完成情况
准备	清点工量具、清理工位		□完成　□未完成
清洁	清洁曲轴并安装好		□完成　□未完成
	清洁、检查百分表及磁性表座		□完成　□未完成
安装	安装磁性表座		□完成　□未完成
	将百分表安装到磁性表座上		□完成　□未完成
校零	百分表校对零位		□完成　□未完成
测量	测量曲轴的弯曲情况		□完成　□未完成
结束	工量具清洁归位、工作场地清洁		□完成　□未完成

四、评价反思

在教师的指导下，反思自己的工作方式和工作质量。

项　目	评价指标	自　评	互　评
专业技能	认识百分表并掌握其使用方法	□合格　□不合格	□合格　□不合格
	按照质量要求完成作业内容	□合格　□不合格	□合格　□不合格
	完整填写工作页	□合格　□不合格	□合格　□不合格
工作态度	着装规范，符合职业要求	□合格　□不合格	□合格　□不合格
	正确查阅维修资料和学习材料	□合格　□不合格	□合格　□不合格
	分工明确，配合默契	□合格　□不合格	□合格　□不合格
个人反思		完成任务的安全、质量、时间和6S要求，是否达到最佳程度，请提出个人改进建议	
教师评价	教师签字 年　月　日	成绩	
		□合格　　□不合格	

26

工作页 4-4　认识量缸表并掌握其使用方法

任 务 名 称	认识量缸表并掌握其使用方法
日　　期	
第____小组成员	

一、收集信息

[引导问题]

1. 量缸表的组成。

2. 量缸表的使用步骤：

_____

_____

_____

_____

[查阅资料]

用量缸表测量气缸时，什么情况下读数才准确？

二、计划组织

小 组 组 别	
设备工具	气缸体、量缸表、_____ _____
组织安排	一组两人：A. 操作，B. 观察及记录。各任务间轮换角色
准备工作	检查安全环保措施、熟悉布置工作场景

三、任务实施

	作 业 内 容	质 量 要 求	完 成 情 况
准备	清点工量具、清理工位		□完成　□未完成
清洁	清洁待测气缸		□完成　□未完成
测量	用游标卡尺测量气缸直径		□完成　□未完成
调整	调整外径千分尺数值并固定好		□完成　□未完成
组装	组装量缸表		□完成　□未完成
调零	量缸表调零		□完成　□未完成
测量	测量气缸		□完成　□未完成
结束	工量具清洁归位、工作场地清洁		□完成　□未完成

四、评价反思

在教师的指导下，反思自己的工作方式和工作质量。

项　　目	评 价 指 标	自　　评	互　　评
专业技能	认识量缸表并掌握其使用方法	□合格　□不合格	□合格　□不合格
	按照质量要求完成作业内容	□合格　□不合格	□合格　□不合格
	完整填写工作页	□合格　□不合格	□合格　□不合格
工作态度	着装规范，符合职业要求	□合格　□不合格	□合格　□不合格
	正确查阅维修资料和学习材料	□合格　□不合格	□合格　□不合格
	分工明确，配合默契	□合格　□不合格	□合格　□不合格
个人反思		完成任务的安全、质量、时间和 6S 要求，是否达到最佳程度，请提出个人改进建议	
教师评价	教师签字 年　月　日	成绩	
		□合格　　□不合格	

28

工作页 4-5 认识塞尺和刀口形直尺并掌握其使用方法

任 务 名 称	认识塞尺和刀口形直尺并掌握其使用方法
日 期	
第____小组成员	

一、收集信息

[引导问题]

写出学校实训室塞尺每片的厚度。

[查阅资料]

刀口形直尺的使用注意事项。

二、计划组织

小 组 组 别	
设备工具	气缸体（或气缸盖）、塞尺、刀口形直尺、_____
组织安排	一组两人：A. 操作，B. 观察及记录。各任务间轮换角色
准备工作	检查安全环保措施、熟悉布置工作场景

三、任务实施

	作 业 内 容	质 量 要 求	完 成 情 况
准备	清点工量具、清理工位		□完成 □未完成
清洁	清洁待测气缸体（或气缸盖）		□完成 □未完成
检查	检查并清洁刀口形直尺		□完成 □未完成
选用	选用合适的塞尺		□完成 □未完成
测量	测量气缸体（或气缸盖）平面度		□完成 □未完成
结束	工量具清洁归位、工作场地清洁		□完成 □未完成

四、评价反思

在教师的指导下，反思自己的工作方式和工作质量。

项　目	评 价 指 标	自　评		互　评	
专业技能	认识塞尺和刀口形直尺并掌握其使用方法	□合格	□不合格	□合格	□不合格
	按照质量要求完成作业内容	□合格	□不合格	□合格	□不合格
	完整填写工作页	□合格	□不合格	□合格	□不合格
工作态度	着装规范，符合职业要求	□合格	□不合格	□合格	□不合格
	正确查阅维修资料和学习材料	□合格	□不合格	□合格	□不合格
	分工明确，配合默契	□合格	□不合格	□合格	□不合格
个人反思		完成任务的安全、质量、时间和6S要求，是否达到最佳程度，请提出个人改进建议			
教师评价	教师签字　　　年　月　日	成绩			
		□合格　　　□不合格			

工作页 4-6 认识钢卷尺并掌握其使用方法

任 务 名 称	认识钢卷尺并掌握其使用方法
日 期	
第____小组成员	

一、收集信息

[引导问题]

前轮前束的调整步骤：

_____

_____

[查阅资料]

前轮前束值有哪三种情况？各自有何特点？

二、计划组织

小 组 组 别	
设备工具	汽车、钢卷尺、管钳、千斤顶、扳手、_____ _____
组织安排	一组两人：A. 操作，B. 观察及记录。各任务间轮换角色
准备工作	检查安全环保措施、熟悉布置工作场景

三、任务实施

	作 业 内 容	质 量 要 求	完 成 情 况
准备	清点工量具、清理工位		□完成 □未完成
检查	检查轮胎气压是否符合规定值以及转向机构、轮毂轴承预紧度及各拉杆连接的间隙是否正常		□完成 □未完成
举升汽车	举升汽车至方便调整的高度		□完成 □未完成
测量	测量两轮胎内侧轮辋外边缘距离（前面）		□完成 □未完成
旋转	两前轮旋转 180°		□完成 □未完成

31

	作业内容	质量要求	完成情况
测量	测量两轮胎内侧轮辋外边缘距离（后面）		□完成　□未完成
调整	松开锁紧螺栓调整		□完成　□未完成
再次测量调整	再次测量距离，调整符合要求为止		□完成　□未完成
结束	工量具清洁归位、工作场地清洁		□完成　□未完成

四、评价反思

在教师的指导下，反思自己的工作方式和工作质量。

项　目	评价指标	自　评	互　评
专业技能	认识钢卷尺并掌握其使用方法	□合格　□不合格	□合格　□不合格
	按照质量要求完成作业内容	□合格　□不合格	□合格　□不合格
	完整填写工作页	□合格　□不合格	□合格　□不合格
工作态度	着装规范，符合职业要求	□合格　□不合格	□合格　□不合格
	正确查阅维修资料和学习材料	□合格　□不合格	□合格　□不合格
	分工明确，配合默契	□合格　□不合格	□合格　□不合格
个人反思		完成任务的安全、质量、时间和6S要求，是否达到最佳程度，请提出个人改进建议	
教师评价	教师签字 年　月　日	成绩	
		□合格　□不合格	

工作页 5-1 掌握万用表的使用方法

任 务 名 称	掌握万用表的使用方法
日　　期	
第＿＿小组成员	

一、收集信息

[引导问题]

全车漏电量的测量步骤：

_____

_____

_____

_____

[查阅资料]

二极管特性。

二、计划组织

小 组 组 别	
设备工具	万用表、蓄电池、发电机整流器、_____ _____
组织安排	一组两人：A. 操作，B. 观察及记录。各任务间轮换角色
准备工作	检查安全环保措施、熟悉布置工作场景

三、任务实施

	作 业 内 容	质 量 要 求	完 成 情 况
准备	清点工量具、清理工位		□完成　□未完成
电压测量	测量蓄电池电压		□完成　□未完成
	测量照明电路电压		□完成　□未完成
电阻测量	测量整流器二极管正向电阻		□完成　□未完成
	测量整流器二极管反向电阻		□完成　□未完成
电流测量	测量全车漏电量		□完成　□未完成
结束	工量具清洁归位、工作场地清洁		□完成　□未完成

四、评价反思

在教师的指导下，反思自己的工作方式和工作质量。

项　目	评价指标	自　评		互　评	
专业技能	万用表的使用	□合格	□不合格	□合格	□不合格
	按照质量要求完成作业内容	□合格	□不合格	□合格	□不合格
	完整填写工作页	□合格	□不合格	□合格	□不合格
工作态度	着装规范，符合职业要求	□合格	□不合格	□合格	□不合格
	正确查阅维修资料和学习材料	□合格	□不合格	□合格	□不合格
	分工明确，配合默契	□合格	□不合格	□合格	□不合格
个人反思		完成任务的安全、质量、时间和 6S 要求，是否达到最佳程度，请提出个人改进建议			
教师评价	教师签字 年　月　日	成绩			
		□合格　　□不合格			

工作页 5-2　掌握汽车故障诊断仪的使用方法

任 务 名 称	掌握汽车故障诊断仪的使用方法
日 期	
第____小组成员	

一、收集信息

[引导问题]

汽车故障诊断仪一般情况使用步骤：

_____

_____

_____

_____

[查阅资料]

汽车故障诊断仪的种类。

二、计划组织

小 组 组 别	
设备工具	汽车、汽车故障诊断仪、_____ _____
组织安排	一组两人：A. 操作，B. 观察及记录。各任务间轮换角色
准备工作	检查安全环保措施、熟悉布置工作场景

三、任务实施

	作 业 内 容	质 量 要 求	完 成 情 况
准备	清点工量具、清理工位		□完成　□未完成
组装	组装故障诊断仪		□完成　□未完成
连接	连接故障诊断仪至汽车诊断接口		□完成　□未完成
运行	将点火开关置于 ON 档，打开故障诊断仪		□完成　□未完成
诊断	进入汽车诊断界面，读取历史故障码		□完成　□未完成
清除	清除历史故障码		□完成　□未完成
再次读	起动发动机，再次读取故障码		□完成　□未完成
查看	查看相关数据流并排故		□完成　□未完成

作业内容		质量要求	完成情况
第三次读	确认数据流正常		□完成　□未完成
关闭	关闭故障诊断仪		□完成　□未完成
结束	工量具清洁归位、工作场地清洁		□完成　□未完成

四、评价反思

在教师的指导下，反思自己的工作方式和工作质量。

项　目	评价指标	自　评	互　评
专业技能	汽车故障诊断仪的使用	□合格　□不合格	□合格　□不合格
	按照质量要求完成作业内容	□合格　□不合格	□合格　□不合格
	完整填写工作页	□合格　□不合格	□合格　□不合格
工作态度	着装规范，符合职业要求	□合格　□不合格	□合格　□不合格
	正确查阅维修资料和学习材料	□合格　□不合格	□合格　□不合格
	分工明确，配合默契	□合格　□不合格	□合格　□不合格
个人反思		完成任务的安全、质量、时间和6S要求，是否达到最佳程度，请提出个人改进建议	
教师评价	教师签字 年　月　日	成绩	
		□合格　□不合格	

工作页 5-3 掌握兆欧表和钳形电流表的使用方法

任 务 名 称	掌握兆欧表和钳形电流表的使用方法
日　　期	
第___小组成员	

一、收集信息

[引导问题]

1）兆欧表也叫作绝缘电阻测试仪，常见的有_____和_____两种。

2）钳形电流表可以在_____的情况下测量电流。

[查阅资料]

请想一想高压防护用具对于新能源汽车维修人员的生命安全和职业健康有什么重要意义？

二、计划组织

小 组 组 别	
设备工具	兆欧表、钳形电流表、新能源汽车、_____ _____
组织安排	一组两人：A. 操作，B. 观察及记录。各任务间轮换角色
准备工作	检查安全环保措施、熟悉布置工作场景

三、任务实施

作 业 内 容		质 量 要 求	完 成 情 况
准备	清点工量具、清理工位		□完成　□未完成
绝缘测量	测量维修手册要求的绝缘项目		□完成　□未完成
电流测量	测量充电电流等		□完成　□未完成
结束	工量具清洁归位、工作场地清洁		□完成　□未完成

四、评价反思

在教师的指导下，反思自己的工作方式和工作质量。

项　　目	评 价 指 标	自　评	互　评
专业技能	兆欧表和钳形电流表的使用	□合格　□不合格	□合格　□不合格
	按照质量要求完成作业内容	□合格　□不合格	□合格　□不合格
	完整填写工作页	□合格　□不合格	□合格　□不合格

项　目	评价指标	自　评	互　评
工作态度	着装规范，符合职业要求	□合格　□不合格	□合格　□不合格
	正确查阅维修资料和学习材料	□合格　□不合格	□合格　□不合格
	分工明确，配合默契	□合格　□不合格	□合格　□不合格
个人反思		完成任务的安全、质量、时间和 6S 要求，是否达到最佳程度，请提出个人改进建议	
教师评价	教师签字 年　月　日	成绩	
		□合格　　□不合格	

工作页 6-1 举升汽车

任 务 名 称	举升汽车
日 期	
第____小组成员	

一、收集信息

[引导问题]

1. 学校实训室举升机的型号。

2. 举升机的安全操作规程：

_____

_____

_____

_____

[查阅资料]

举升机的类型。

二、计划组织

小 组 组 别	
设备工具	汽车、举升机、_____
组织安排	一组两人：A. 操作，B. 观察及记录。各任务间轮换角色
准备工作	检查安全环保措施、熟悉布置工作场景

三、任务实施

	作业内容	质量要求	完成情况
准备	清点工具、清理工位		□完成　□未完成
调整	支角胶垫接触底盘支撑部位		□完成　□未完成
举升	举升汽车		□完成　□未完成
检查	检查汽车支撑稳定情况		□完成　□未完成
再次举升	再次举升汽车到所需高度		□完成　□未完成
去保险	拉出保险锁销		□完成　□未完成
降落	降落汽车		□完成　□未完成
结束	工具清洁归位、工作场地清洁		□完成　□未完成

四、评价反思

在教师的指导下，反思自己的工作方式和工作质量。

项　目	评价指标	自　评	互　评
专业技能	举升汽车	□合格　□不合格	□合格　□不合格
	按照质量要求完成作业内容	□合格　□不合格	□合格　□不合格
	完整填写工作页	□合格　□不合格	□合格　□不合格
工作态度	着装规范，符合职业要求	□合格　□不合格	□合格　□不合格
	正确查阅维修资料和学习材料	□合格　□不合格	□合格　□不合格
	分工明确，配合默契	□合格　□不合格	□合格　□不合格
个人反思		完成任务的安全、质量、时间和 6S 要求，是否达到最佳程度，请提出个人改进建议	
教师评价	教师签字 年　月　日	成绩	
		□合格　□不合格	

工作页 6-2　拆装车轮总成

任 务 名 称	拆装车轮总成
日　　期	
第＿＿小组成员	

一、收集信息

[引导问题]

1. 学校实训室千斤顶的型号。

2. 千斤顶的使用步骤：

_____

_____

_____

_____

[查阅资料]

千斤顶使用的注意事项。

二、计划组织

小 组 组 别	
设备工具	汽车、轮胎套筒、千斤顶、_____ _____
组织安排	一组两人：A. 操作，B. 观察及记录。各任务间轮换角色
准备工作	检查安全环保措施、熟悉布置工作场景

三、任务实施

	作 业 内 容	质 量 要 求	完 成 情 况
准备	清点工具、清理工位		□完成　□未完成
拆卸	拧松轮胎所有的紧固螺母		□完成　□未完成
	举升汽车，拧下所有的紧固螺母，卸下车轮总成		□完成　□未完成
检查	检查车轮总成		□完成　□未完成
安装	预紧轮胎所有的紧固螺母		□完成　□未完成
	轮胎落地，拧紧轮胎所有的紧固螺母		□完成　□未完成
结束	工具清洁归位、工作场地清洁		□完成　□未完成

四、评价反思

在教师的指导下，反思自己的工作方式和工作质量。

项　　目	评 价 指 标	自　　评		互　　评	
专业技能	拆装车轮总成	□合格	□不合格	□合格	□不合格
	按照质量要求完成作业内容	□合格	□不合格	□合格	□不合格
	完整填写工作页	□合格	□不合格	□合格	□不合格
工作态度	着装规范，符合职业要求	□合格	□不合格	□合格	□不合格
	正确查阅维修资料和学习材料	□合格	□不合格	□合格	□不合格
	分工明确，配合默契	□合格	□不合格	□合格	□不合格
个人反思		完成任务的安全、质量、时间和 6S 要求，是否达到最佳程度，请提出个人改进建议			
教师评价	教师签字　　年　月　日	成绩			
		□合格　　□不合格			

工作页 6-3　蓄电池车下充电

任 务 名 称	蓄电池车下充电
日　　期	
第＿＿小组成员	

一、收集信息
[引导问题]
1. 学校实训室充电机的型号。

2. 学校实训室充电机的使用步骤:

_____

_____

_____

_____

[查阅资料]
汽车新型蓄电池。

二、计划组织

小 组 组 别	
设 备 工 具	蓄电池、充电机、_____ _____
组织安排	一组两人: A. 操作, B. 观察及记录。各任务间轮换角色
准备工作	检查安全环保措施、熟悉布置工作场景

三、任务实施

	作业内容	质量要求	完成情况
准备	清点工具、清理工位		□完成 □未完成
选择	选择充电电压和充电电流		□完成 □未完成
连接	连接充电机和蓄电池之间的充电线		□完成 □未完成
打开	打开充电机电源开关		□完成 □未完成
关闭	充电完毕,关闭充电机电源开关		□完成 □未完成
拆下	拆下充电机到蓄电池之间的充电线		□完成 □未完成
归零	电压、电流选择开关旋到"0"位		□完成 □未完成
结束	工具清洁归位、工作场地清洁		□完成 □未完成

四、评价反思

在教师的指导下,反思自己的工作方式和工作质量。

项 目	评价指标	自 评		互 评	
专业技能	蓄电池车下充电	□合格	□不合格	□合格	□不合格
	按照质量要求完成作业内容	□合格	□不合格	□合格	□不合格
	完整填写工作页	□合格	□不合格	□合格	□不合格
工作态度	着装规范,符合职业要求	□合格	□不合格	□合格	□不合格
	正确查阅维修资料和学习材料	□合格	□不合格	□合格	□不合格
	分工明确,配合默契	□合格	□不合格	□合格	□不合格
个人反思		完成任务的安全、质量、时间和6S要求,是否达到最佳程度,请提出个人改进建议			
教师评价	教师签字 年 月 日	成绩			
		□合格 □不合格			

工作页 6-4　车轮总成动平衡

任 务 名 称	车轮总成动平衡
日　　期	
第____小组成员	

一、收集信息

[引导问题]

1. 写出图中各部分的名称。

2. 学校实训室轮胎动平衡机的型号。

3. 学校实训室轮胎动平衡机的使用步骤：

_____

_____

_____

[查阅资料]

1. 车轮平衡块的种类。

2. 汽车轮胎压力监测系统。

二、计划组织

小 组 组 别	
设备工具	车轮总成、轮胎动平衡机、_____ _____
组织安排	一组两人：A. 操作，B. 观察及记录。各任务间轮换角色
准备工作	检查安全环保措施、熟悉布置工作场景

三、任务实施

	作 业 内 容	质 量 要 求	完 成 情 况
准备	清点工具、清理工位		□完成 □未完成
操作	拆掉旧的平衡块		□完成 □未完成
	安装新的平衡块		□完成 □未完成
结束	工作场地清洁		□完成 □未完成

四、评价反思

在教师的指导下，反思自己的工作方式和工作质量。

项 目	评 价 指 标	自 评		互 评	
专业技能	车轮总成动平衡	□合格	□不合格	□合格	□不合格
	按照质量要求完成作业内容	□合格	□不合格	□合格	□不合格
	完整填写工作页	□合格	□不合格	□合格	□不合格
工作态度	着装规范，符合职业要求	□合格	□不合格	□合格	□不合格
	正确查阅维修资料和学习材料	□合格	□不合格	□合格	□不合格
	分工明确，配合默契	□合格	□不合格	□合格	□不合格
个人反思		完成任务的安全、质量、时间和 6S 要求，是否达到最佳程度，请提出个人改进建议			
教师评价	教师签字 年 月 日	成绩			
		□合格 □不合格			

工作页 6-5 拆 装 轮 胎

任 务 名 称	拆装轮胎
日　　期	
第___小组成员	

一、收集信息

[引导问题]

1. 学校实训室轮胎拆装机的型号。

2. 学校实训室轮胎拆装机的使用步骤：

_____

_____

_____

_____

_____

[查阅资料]

防爆轮胎（RFT 轮胎）。

二、计划组织

小 组 组 别	
设备工具	车轮总成、轮胎拆装机、_____ _____
组织安排	一组两人：A. 操作，B. 观察及记录。各任务间轮换角色
准备工作	检查安全环保措施、熟悉布置工作场景

三、任务实施

	作 业 内 容	质 量 要 求	完 成 情 况
准备	清点工具、清理工位		□完成 □未完成
拆卸	从轮辋上拆下轮胎		□完成 □未完成
检查	检查轮胎		□完成 □未完成
安装	把轮胎安装到轮辋上		□完成 □未完成
结束	工具清洁归位、工作场地清洁		□完成 □未完成

四、评价反思

在教师的指导下，反思自己的工作方式和工作质量。

项　目	评 价 指 标	自　评		互　评	
专业技能	拆装轮胎	□合格	□不合格	□合格	□不合格
	按照质量要求完成作业内容	□合格	□不合格	□合格	□不合格
	完整填写工作页	□合格	□不合格	□合格	□不合格
工作态度	着装规范，符合职业要求	□合格	□不合格	□合格	□不合格
	正确查阅维修资料和学习材料	□合格	□不合格	□合格	□不合格
	分工明确，配合默契	□合格	□不合格	□合格	□不合格
个人反思		完成任务的安全、质量、时间和6S要求，是否达到最佳程度，请提出个人改进建议			
教师评价	教师签字 年　月　日	成绩			
		□合格　□不合格			

工作页 6-6　使用四轮定位仪

任 务 名 称	使用四轮定位仪
日　　期	
第＿＿小组成员	

一、收集信息

[引导问题]

1. 四轮定位分为＿＿＿＿＿＿＿和＿＿＿＿＿＿＿。

2. 学校实训室四轮定位仪的型号。

3. 学校实训室四轮定位仪的使用步骤：

_____

_____

_____

_____

_____

[查阅资料]

前轮定位参数。

二、计划组织

小 组 组 别	
设备工具	汽车、举升机、四轮定位仪、＿＿＿＿＿＿＿＿＿＿＿＿＿＿＿＿＿＿＿＿＿＿＿＿＿＿
组织安排	一组两人：A. 操作，B. 观察及记录。各任务间轮换角色
准备工作	检查安全环保措施、熟悉布置工作场景

三、任务实施

	作业内容	质量要求	完成情况
准备	清点工具、清理工位		□完成 □未完成
车辆到位	将汽车开到四轮定位工位上		□完成 □未完成
安装	安装后轮轮胎防滑器		□完成 □未完成
举升汽车	举升汽车到方便操作的高度		□完成 □未完成
安装	安装靶标		□完成 □未完成
固定	将方向固定在水平位置		□完成 □未完成
开机	开机进入"TSL"操作系统		□完成 □未完成
检测前轮	检测前轮定位参数		□完成 □未完成
检测后轮	检测后轮定位参数		□完成 □未完成
保存	保存检测数据		□完成 □未完成
结束	工具清洁归位、工作场地清洁		□完成 □未完成

四、评价反思

在教师的指导下，反思自己的工作方式和工作质量。

项　　目	评价指标	自　评		互　评	
专业技能	四轮定位仪的使用	□合格	□不合格	□合格	□不合格
	按照质量要求完成作业内容	□合格	□不合格	□合格	□不合格
	完整填写工作页	□合格	□不合格	□合格	□不合格
工作态度	着装规范，符合职业要求	□合格	□不合格	□合格	□不合格
	正确查阅维修资料和学习材料	□合格	□不合格	□合格	□不合格
	分工明确，配合默契	□合格	□不合格	□合格	□不合格
个人反思		完成任务的安全、质量、时间和6S要求，是否达到最佳程度，请提出个人改进建议			
教师评价	教师签字 年　月　日	成绩			
		□合格　　□不合格			

汽车维修技能基础

第 2 版

工作页

班级_____

姓名_____

学号_____

中控的，主要用于汽车遥控器的匹配与测试检修。

二、汽车故障诊断仪的使用

汽车故障诊断仪大都随机带有使用手册，按照说明操作即可。一般来说有以下几个步骤：

1）在汽车上找到自诊断座。

2）选用相应的诊断接口。

3）根据车型，进入相应的诊断系统。

4）读取故障码。

5）查看数据流。

6）诊断维修之后清除故障码。

第三课　汽车测电笔

一、汽车测电笔的认识

汽车测电笔也叫作汽车试电笔或试灯，是汽车机电工在进行汽车电器加装、电路改装和维修等活动中常用的一种电路检测工具，如图 5-9 所示。汽车测电笔用于检测汽车电路中的被测试点是否有电，精确测量还需要使用万用表。

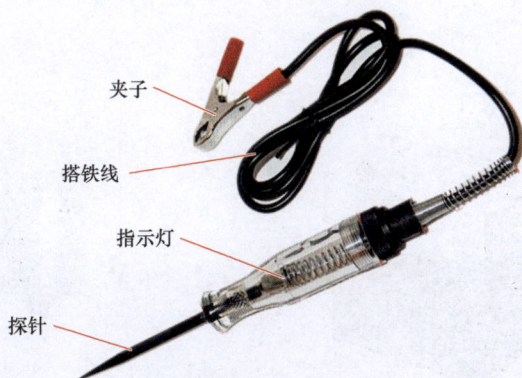

夹子
搭铁线
指示灯
探针

图 5-9　汽车测电笔

二、汽车测电笔的使用

1）如果用灯泡作为指示灯，汽车测电笔在使用时没有正负极之分，只要探针与夹子之间有额定工作电压，灯泡就会亮。汽车机电工使用灯泡的较多。

2）如果用 LED（发光二极管）作为指示灯，由于发光二极管的额定工作电压较低，必须串联电阻才能使用。

如果有两个发光二极管反向并联，汽车测电笔在使用时没有正负极之分。

如果只有一个发光二极管，汽车测电笔在使用时有正负极之分，反过来使用发光二极管就不亮了。

用汽车测电笔检查电路短路故障，如图 5-10 所示。当电路发生短路时，熔断器已熔断，可将汽车测电笔直接接入熔断器的位置，并按图中标注的序号①→②→③依次拔下插接器，直到灯灭为止，便可迅速查找到电路中的短路处（亮与不亮之间）。

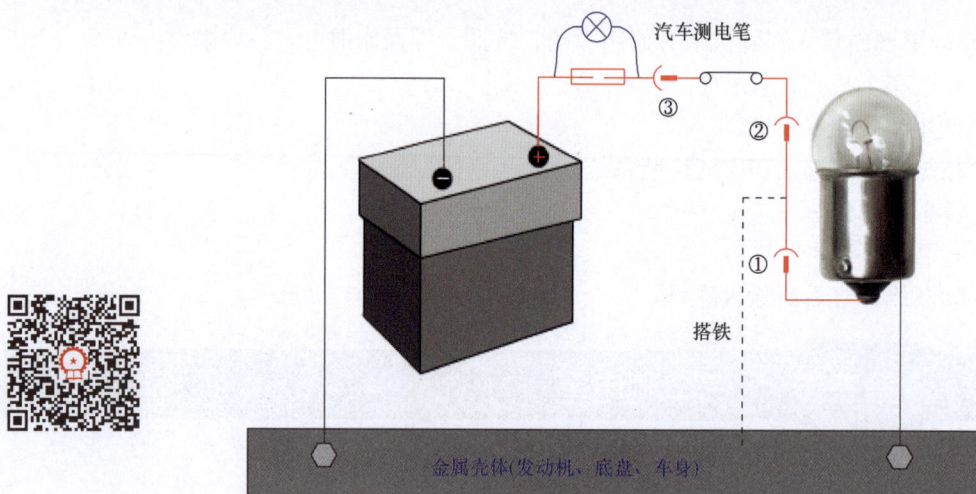

图 5-10　用汽车测电笔检查电路短路故障

　　用汽车测电笔检查电路断路故障，如图 5-11 所示。当电路发生断路时，用电器无法工作。可将汽车测电笔搭铁端搭铁，用探针分别接触①→②→③处插接器，看测试灯亮不亮，即可判断电路断路的位置。

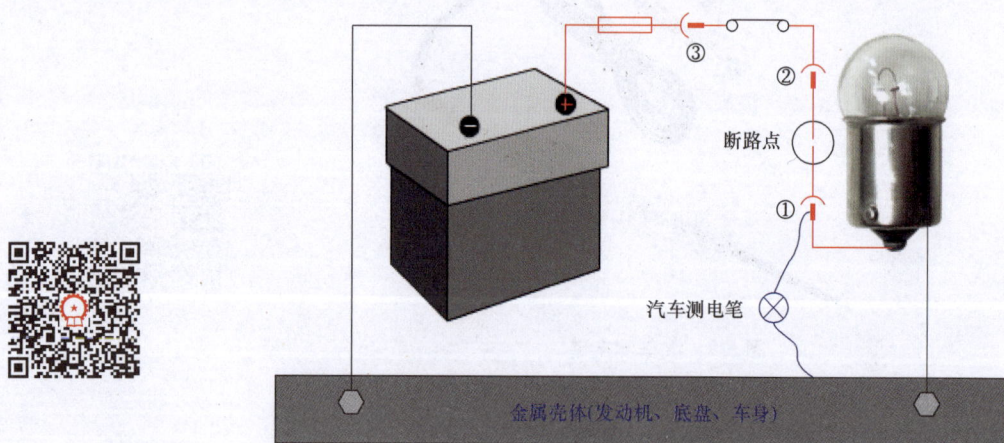

图 5-11　用汽车测电笔检查电路断路故障

职场健康与安全：
　　汽车测电笔有 6V、12V 和 24V 三种，使用时应注意选择。汽车测电笔用灯泡作为指示灯时，不能用于测量电子控制系统；汽车测电笔用发光二极管作为指示灯时，才能测量电子控制系统。

第四课　跨接线

一、跨接线的认识

简单的跨接线就是一段多股导线，它的两端分别接有鳄鱼夹或不同形式的插头，如图 5-12 所示。

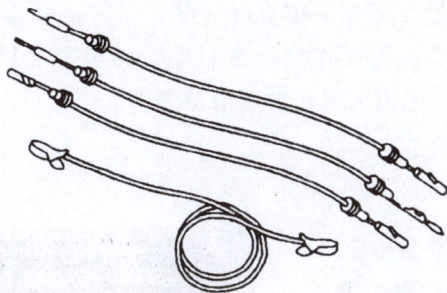

图 5-12　跨接线

二、跨接线的使用

跨接线在汽车维修中起到一个旁通电路的作用。如某一电气部件不工作，将跨接线连接在被测试部件接线点"−"与车身搭铁之间，此时若部件工作说明其搭铁电路断路；如果搭铁电路良好，就将跨接线连接在蓄电池"+"极与被测试部件的电源接线柱之间，此时若部件工作，说明部件电源电路有故障，若部件仍不工作，说明部件有故障，如图 5-13所示。

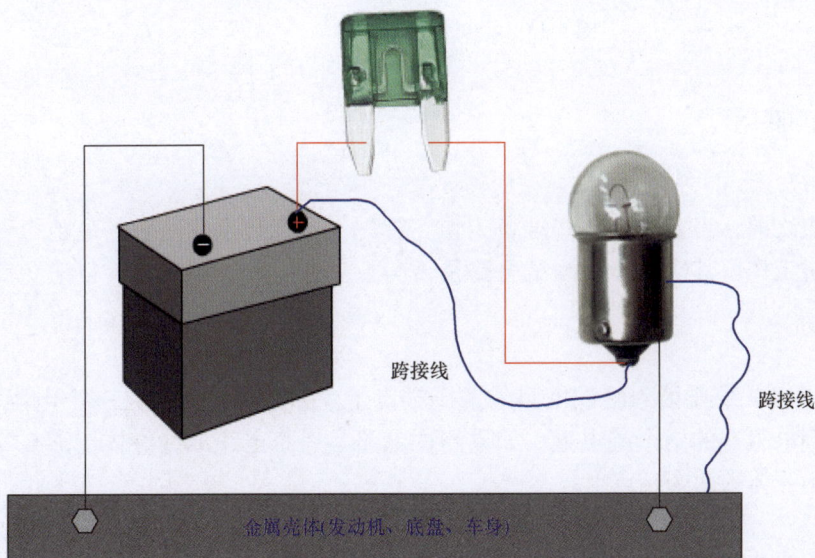

金属壳体(发动机、底盘、车身)

图 5-13　跨接线检测故障

职场健康与安全：

　　跨接线在使用中，严禁将蓄电池的正负极直接短接，以防损坏蓄电池。

第五课　兆欧表

一、兆欧表的认识

兆欧表也叫作绝缘电阻测试仪，常见的有手摇式和数字式两种，现在主要使用数字式兆欧表，如图5-14所示。兆欧表主要用来检查电气设备、家用电器或电路对地及相间的绝缘电阻，以保证这些设备、电器和电路工作在正常状态，避免发生触电伤亡及设备损坏等事故。高压电缆及零部件对车身绝缘电阻值应在规定值范围内。

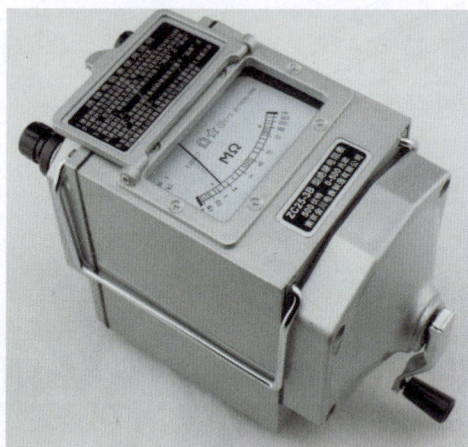

a) 手摇式兆欧表　　　　b) 数字式兆欧表

图5-14　兆欧表

二、数字兆欧表的使用

1. 准备工作

在使用数字兆欧表之前，需要进行一些准备工作。首先，检查数字兆欧表的电池电量是否充足，以确保其正常工作。其次，检查测试电路是否与数字兆欧表正确连接，以避免测量误差。

2. 连接测试电路

将数字兆欧表的测试引线连接到测试电路的两个端点上。如果测试电路是一个电阻器，那么将测试引线连接到电阻器的两个端点上。如果测试电路是一个电缆或绝缘体，那么将测试引线连接到电缆或绝缘体的两个端点上。

3. 选择测量范围

根据测试电路的电阻值范围，选择数字兆欧表的量程。如果测试电路的电阻值很小，那么选择较小的量程。如果测试电路的电阻值很大，那么选择较大的量程。

4. 进行测量

将数字兆欧表的量程调整到所需的范围，并按下"测试"按钮进行测量。数字兆欧表会显示测试电路的电阻值。如果测试电路的电阻值超出了数字兆欧表的量程，那么数字兆欧表会显示"OL"（超出范围）。

5. 结束测量

测量完成后，将数字兆欧表的测试引线从测试电路上拆下，并关闭数字兆欧表的电源。如果数字兆欧表长时间不使用，应将其存放在干燥、阴凉的地方，以避免损坏。

三、数字兆欧表的使用注意事项

1）测量前，必须将被测设备电源切断，并对地短路放电，决不允许设备带电进行测量，以保证人身和设备的安全。

2）对可能感应出高压电的设备，必须在消除这种可能性后，才能进行测量。

3）被测物表面要清洁，减少接触电阻，确保测量结果的准确性。

4）测量前要检查兆欧表是否处于正常工作状态，主要检查其"0"和"∞"两点。数字兆欧表在短路时应指在"0"位置，断路时应指在"∞"位置。

5）数字兆欧表使用时应放在平稳、牢固的地方，且远离大的外电流导体和外磁场。

第六课　钳形电流表

一、钳形电流表的认识

新能源汽车维修经常需要测量导线中的电流，由于驱动系统的导线存在较大的交变电流，必须使用钳形电流表进行间接测量。钳形电流表是由电流互感器和电流表组合而成的，可以在不切断电路的情况下测量电流，如图 5-15 所示。

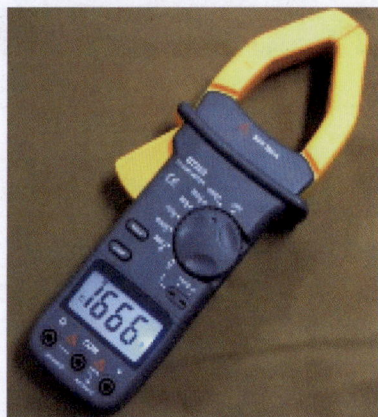

图 5-15　钳形电流表

二、钳形电流表的使用

测量时应按紧扳手，使钳口张开，将被测导线放入钳口中央，然后松开扳手并使钳口闭合紧密，以使读数准确。读数后，将钳口张开，将被测导线退出，将档位置于电流最高档或 OFF 档。

职场健康与安全：

不可同时钳住两根导线。

任务实施

任务一　掌握万用表的使用方法

1. 任务目的描述

1）掌握万用表的使用方法。

2）能用万用表测量汽车电气元件。

3）能积极主动参与任务，能与小组成员团结协作，能执行实训室"6S"的规定。

2. 任务准备

1）知识准备。

完成项目五第一课万用表的学习。

2）设备准备。

万用表、蓄电池、发电机整流器、演示课件（或操作视频）。

3. 任务步骤

1）老师演示或播放视频：万用表的使用。

2）学生练习万用表的使用（或老师演示时同步练习），并完成《汽车维修技能基础工作页》相应部分内容的填写。

万用表的使用，测量内容包括蓄电池电压、照明电路电压、整流器二极管正反向电阻和全车漏电量。

4. 任务评价

任务评价内容及标准见表 5-1。

表 5-1　任务评价内容及标准

序号	项　　目	操 作 内 容	分值	评 分 标 准	得分
1	准备	清点工量具、清理工位	5 分	酌情扣分	
2	电压测量	测量蓄电池电压	10 分	操作不当扣 1~10 分	
		测量照明电路电压	10 分	操作不当扣 1~10 分	
3	电阻测量	测量整流器二极管正向电阻	10 分	操作不当扣 1~10 分	
		测量整流器二极管反向电阻	10 分	操作不当扣 1~10 分	
4	电流测量	测量全车漏电量	30 分	操作不当扣 1~30 分	
5	完成时间	40min	10 分	超时 1~5min 扣 1~5 分 超时 5min 以上扣 10 分	
6	安全文明	无安全隐患，无不文明操作	5 分	未达标扣 1~5 分	
7	结束	工量具清洁归位	5 分	漏一项扣 1 分，未做扣 5 分	
		工作场地清洁	5 分	清洁不彻底扣 1~5 分，未做扣 5 分	
	总分		100 分		

任务二　掌握汽车故障诊断仪的使用方法

1. 任务目的描述

1）学会使用汽车故障诊断仪（以清除和读取发动机故障码为例）。

2）能积极主动参与任务，能与小组成员团结协作，能执行实训室"6S"的规定。

2. 任务准备

1）知识准备。

完成项目五第二课汽车故障诊断仪的学习。

2）设备准备。

汽车、汽车故障诊断仪、演示课件（或操作视频）。

3. 任务步骤

1）老师演示或播放视频：汽车故障诊断仪的使用。

2）学生练习汽车故障诊断仪的使用（或老师演示时同步练习），并完成《汽车维修技能基础工作页》相应部分内容的填写。

4. 任务评价

任务评价内容及标准见表5-2。

表 5-2　任务评价内容及标准

序号	项　　目	操作内容	分值	评分标准	得分
1	准备	清点工量具、清理工位	5分	酌情扣分	
2	组装	组装故障诊断仪	8分	操作不当扣1~8分	
3	连接	连接故障诊断仪至汽车诊断接口	8分	操作不当扣1~8分	
4	运行	将点火开关置于 ON 档，打开故障诊断仪	8分	操作不当扣1~8分	
5	诊断	进入汽车诊断界面，读取历史故障码	8分	操作不当扣1~8分	
6	清除	清除历史故障码	8分	操作不当扣1~8分	
7	再次读	起动发动机，再次读取故障码	8分	操作不当扣1~8分	
8	查看	查看相关数据流并排故	8分	操作不当扣1~8分	
9	第三次读	确认数据流正常	8分	操作不当扣1~8分	
10	关闭	关闭故障诊断仪	6分	操作不当扣1~6分	
11	完成时间	40min	10分	超时 1~5min 扣 1~5 分 超时 5min 以上扣 10 分	
12	安全文明	无安全隐患，无不文明操作	5分	未达标扣1~5分	
13	结束	工量具清洁归位	5分	漏一项扣1分，未做扣5分	
		工作场地清洁	5分	清洁不彻底扣1~5分，未做扣5分	
		总分	100分		

任务三　掌握兆欧表和钳形电流表的使用方法

1. 任务目的描述

1）掌握兆欧表和钳形电流表的使用方法。

2）能用兆欧表测量绝缘电阻。

3）能用钳形电流表测量电流。

4）能积极主动参与任务，能与小组成员团结协作，能执行实训室"6S"的规定。

2. 任务准备

1）知识准备。

完成项目五第五课兆欧表和第六课钳形电流表的学习。

2）设备准备。

兆欧表、钳形电流表、新能源汽车、演示课件（或操作视频）。

3. 任务步骤

1）老师演示或播放视频：兆欧表和钳形电流表的使用。

2）学生练习兆欧表和钳形电流表的使用（或老师演示时同步练习），并完成《汽车维修技能基础工作页》相应部分内容的填写。

兆欧表的使用，测量内容为新能源汽车维修手册要求的绝缘项目。钳形电流表的使用，测量内容为新能源汽车充电电流等。

4. 任务评价

任务评价内容及标准见表 5-3。

表 5-3　任务评价内容及标准

序号	项　目	操作内容	分值	评分标准	得分
1	准备	清点工量具、清理工位	5 分	酌情扣分	
2	绝缘测量	测量维修手册要求的绝缘项目	50 分	操作不当扣 1~50 分	
3	电流测量	测量充电电流等	20 分	操作不当扣 1~20 分	
4	完成时间	40min	10 分	超时 1~5min 扣 1~5 分 超时 5min 以上扣 10 分	
5	安全文明	无安全隐患，无不文明操作	5 分	未达标扣 1~5 分	
6	结束	工量具清洁归位	5 分	漏一项扣 1 分，未做扣 5 分	
		工作场地清洁	5 分	清洁不彻底扣 1~5 分，未做扣 5 分	
		总分	100 分		

巩固与提高

一、填空题

1. 汽车用万用表主要用来检测直流_____、直流_____、交流_____及导线的_____等参数。

2. 万用表按显示方式的不同分为_____万用表和_____万用表两种。

3. 汽车故障诊断仪一般可分为两种，一种是针对_____或电路故障诊断的，另一种是针对_____。

4. 汽车测电笔也叫作_____或试灯，是汽车机电工常用的一种_____检测工具。

二、判断题

1. 用万用表检测交流电压时无正负极之分。　　　　　　　　　　　　　　　（　　）

2. 二极管的正反向电阻一样大说明是好的。　　　　　　　　　　　　　　　（　　）

3. 用灯泡作为指示灯的汽车测电笔，在使用的时候没有正负极之分。　　　（　　）

4. 汽车测电笔不能用于检测短路故障。　　　（　　）

5. 跨接线使用时，可以把蓄电池的正负极直接短接。　　　（　　）

三、单项选择题

1. "V–" 表示（　　）。

A. 直流电压档　　　　　　B. 交流电压档　　　　　　C. 直流电流档　　　　　　D. 电阻档

2. 测量 1800Ω 的电阻应选择的电阻档是（　　）。

A. 200Ω　　　　　　　　B. 2000Ω　　　　　　　　C. 20kΩ　　　　　　　　D. 200kΩ

3. 检测汽油发动机电路用的汽车测电笔是（　　）。

A. 6V　　　　　　　　　B. 12V　　　　　　　　　C. 24V　　　　　　　　　D. 36V

四、简答题

简述汽车故障诊断仪的使用步骤。

项目六

汽车维修常用设备的使用

学习目标

知识目标

知道汽车维修常用设备的种类及使用方法。

技能目标

学会汽车维修常用设备的使用方法。

素养目标

劳动习惯和环保意识的培养。

典型工作任务

任务一　举升汽车

任务二　拆装车轮总成

任务三　蓄电池车下充电

任务四　车轮总成动平衡

任务五　拆装轮胎

任务六　使用四轮定位仪

知识准备

第一课　举升机

一、举升机的认识

举升机是汽车维修行业用于汽车举升的汽保设备。汽车开到举升机工位，通过人工操作可使汽车举升到一定的高度，便于汽车维修。常见的举升机有两柱式举升机、四柱式举升机、剪式举升机和地沟式举升机等，如图6-1所示。举升机在汽车维修及维护中发挥着非常重要的作用，汽修厂都配备了举升机，举升机是汽车维修厂的必备设备之一。

二、举升机的安全操作规程

汽车举升机的安全操作规程如下：

1）使用前应清除举升机附近妨碍作业的器具及杂物，并检查操作手柄是否正常。

2）操作机构灵敏有效，液压系统不允许有爬行现象。

3）支车时，四个支角应在同一平面上，调整支角胶垫高度使其接触车辆底盘支撑部位。

4）待举升车辆驶入后，应将举升机支撑块调整移动对正该车型规定的举升点。

5）支车时，车辆不可支得过高，支起后四个托架要锁紧。

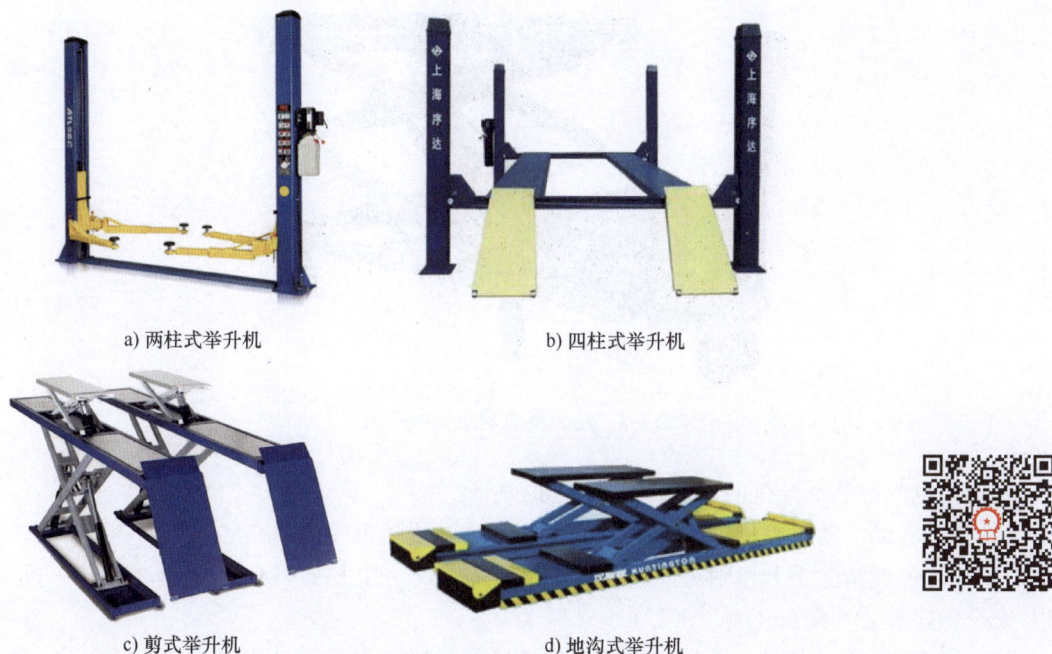

a) 两柱式举升机　　　　　　b) 四柱式举升机

c) 剪式举升机　　　　　　d) 地沟式举升机

图 6-1　举升机

6）举升时人员应离开车辆，举升到需要高度时，必须插入保险锁销，并确保安全可靠才可开始车底作业。

7）除小修等项目外，其他烦琐笨重作业，不得在举升机上进行。

8）举升机不得频繁起落。

9）支车时举升要稳，降落要慢。

10）有人作业时严禁升降举升机。

11）发现操作机构不灵，电机不同步、托架不平或液压部分漏油，应及时报修，不得带病操作。

12）作业完毕应清除杂物，打扫举升机周围，以保持场地整洁。

13）定期（半年）排除举升机液压缸积水，并检查油量，油量不足应及时加注相同牌号的液压油。同时，应检查、润滑举升机传动齿轮及缝条。

职场健康与安全：

①升起汽车时要先看维修手册，找到正确的支撑点，错误的支撑点不仅危险，而且会破坏汽车的结构。

②工具和设备都要定期检查和维护。

三、动力蓄电池拆装举升机的安全操作规程

动力蓄电池拆装举升机是新能源汽车电池组的专业拆装设备，可以快速、安全地从车底完成电池组的拆装，如图6-2所示。

图6-2　动力蓄电池拆装举升机

动力蓄电池拆装举升机的安全操作规程如下：

1）举升的动力蓄电池质量应在举升机的额定举升质量范围内。

2）使用前应清除举升机附近妨碍作业的器具及杂物，并检查液压油量是否足够，操纵按钮及安全保险装置等是否正常。

3）拆卸动力蓄电池时，举升机应停放在正确的位置，尽量使动力蓄电池的重心与举升机的重心一致，避免左右、前后偏载。

4）待万向轮固定，举升机平稳后，按下上升开关即可升起平台。

5）在下降到需要高度时，确保安全锁止机构锁止情况下才能移动举升机，直至移动到安全位置，万向轮固定后才能进行作业。

6）在升降过程中，随时观察举升机，如果发现异常，请及时停机，检查并排除故障后方能投入使用。

7）举升机不得频繁起落，有人作业时严禁升降举升机。

8）当举升机停用时，应将举升机电源切断。

9）应定期（半年）请专业人员对举升机进行维护。

第二课　千斤顶

一、千斤顶的认识

汽车千斤顶是一种最常用、最简单的起重工具，按照其工作原理可分为机械式和液压式两种，如图6-3所示。按照所能顶起的质量可分为3000kg、5000kg和9000kg等规格，目前广泛使用的是液压式千斤顶。千斤顶放在汽车的工具箱里面，用于在更换备用轮胎时顶起车身。由于不同车型的车体车重不同，需要不同承载力的千斤顶来配合换胎。

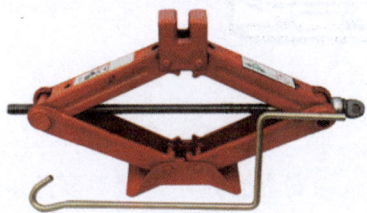

a) 机械式千斤顶

b) 液压式千斤顶

图 6-3　千斤顶

二、千斤顶的使用

千斤顶的安全使用规程如下：

1. 将车辆固定好

用千斤顶将车子举升起来之前，要先将车子固定好，避免车子被举升后不稳当，砸下来伤人。

2. 做好安全警示措施（野外）

停稳车辆后，不能忽略必要的安全警示措施，要把警示三角牌摆到车后的安全距离。

3. 注意固定千斤顶底部

使用千斤顶时，一定要注意地面情况，应该尽量选择适合千斤顶固定的地面进行操作。假如车子处于松软的地面，又没有办法找到坚固、平整的路面固定千斤顶，那么可以在千斤顶下面垫上面积大且坚硬的支撑物，如木板、地砖和铁板等，协助千斤顶固定在地面。

4. 留意千斤顶的最大承重量

每个千斤顶都有其承受极限，而这个承重极限都会标示在千斤顶的标签上。在使用千斤顶之前，必须了解清楚它的最大承重量，以及千斤顶的工作极限。

5. 对准车辆底盘支撑点

车辆底盘支撑点指的是汽车底盘大梁部分或加强筋的位置，如图 6-4 所示。千斤顶顶的位置应该是车辆底盘支撑点，否则会损伤汽车底盘或千斤顶。

图 6-4　加强筋位置

6. 在车底放个备胎更安全

将车辆举升起来后，先不要把轮胎螺母卸下来，做好安全措施才是最重要的事情。换备胎前，建议将备胎放在车底，以防因千斤顶损坏导致车辆掉下来伤人。

7. 举升操作要稳要慢

举升操作时用力不能过急过猛，以免发生安全事故。

第三课　充电机

一、充电机的认识

充电机是蓄电池车下充电的主要设备，图 6-5 所示为 GZL-30/6-24V 硅整流快速充电机的面板。充电机使用时，要根据蓄电池的不同型号选择不同的充电电压和充电电流。

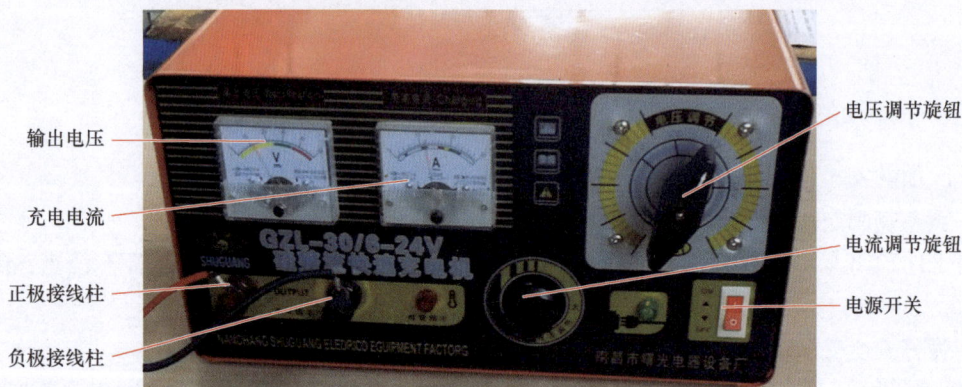

输出电压		电压调节旋钮
充电电流		
正极接线柱		电流调节旋钮
负极接线柱		电源开关

图 6-5　GZL-30/6-24V 硅整流快速充电机的面板

二、GZL-30/6-24V 硅整流快速充电机的使用

充电机的使用步骤如下：

1）选择充电电压和充电电流。

此处充电电压选择 12V，如图 6-6 所示。充电电流大小的选择一般分为两个阶段：第一阶段充电电流大小为 $Q_e/15$（初充电）、$Q_e/10$（补充充电），充电到电解液开始冒气泡，单格电压上升到 2.4V 为止；第二阶段将电流减半，充到"沸腾"，单格电压达到 2.7V，电解液密度上升到最高值，且 2~3h 保持不变，即充电结束。

2）将充电机的正极接到蓄电池正极，充电机的负极接到蓄电池负极。

连接充电机到蓄电池之间的充电线，"正接正，负接负"，如图 6-7 所示。

a)　　　　　　　　　　　　　　　　b)

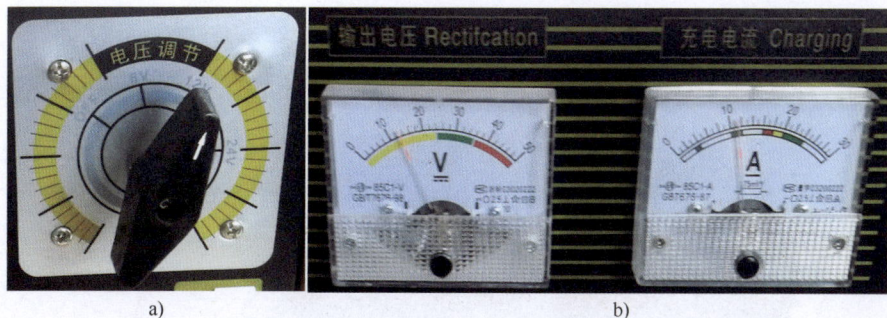

图 6-6　选择充电电压和充电电流

图 6-7　连接好充电线

3）打开充电机电源开关。

4）充电完毕，关闭充电机电源开关。

5）拆下充电机到蓄电池之间的充电线。

6）电压、电流选择开关旋到"0"位。

第四课　空气压缩机

一、空气压缩机的认识

空气压缩机是汽车维修企业必备的设备，它采用空气作为压缩介质，将电动机的机械能转换成气体压力能的装置。汽车维修企业一般采用往复活塞式空气压缩机，如图 6-8 所示，其主要作用是向气动工具提供压缩空气（气动扳手），为轮胎充气、喷漆、吹洗零件、疏通堵塞的管道、检查泄漏的部位等。

电动往复活塞式空气压缩机由电动机直接驱动压缩机，使曲轴产生旋转运动，带动连杆使活塞产生往复运动，引起气缸容积变化。由于气缸内压力的变化，通过进气阀使空气经过空气滤清器（消声器）进入气缸，在压缩行程中，由于气缸容积的缩小，压缩空气经过排气阀的作用，经排气管、单向阀（止回阀）进入储气罐，当排气压力达到额定压力 0.7MPa 时，由压力开关控制而自动停机。当储气罐压力降至 0.5~0.6MPa 时，压力开关自动连接起动。

二、空气压缩机的使用

严格执行空气压缩机的操作规程，不仅有助于延长空气压缩机的使用寿命，而且能确保

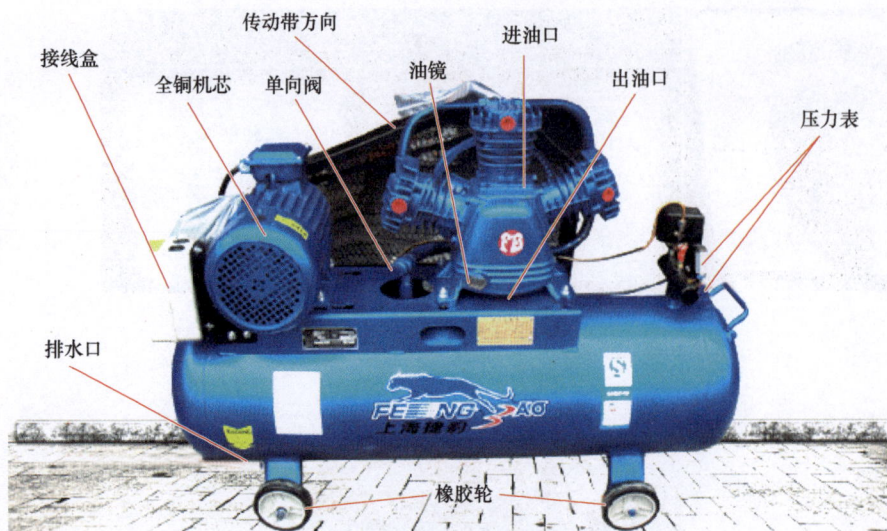

接线盒 全铜机芯 单向阀 传动带方向 油镜 进油口 出油口 压力表

排水口

橡胶轮

图 6-8 电动空气压缩机

空气压缩机操作人员的安全，空气压缩机的安全操作规程如下：

1）开机前应检查曲轴箱机油是否达到油位标位，检查各部件紧固螺钉是否松动，检查风扇传动带张紧力并调整合适。

2）压力表、安全阀应保持良好的技术状态。安全阀应调整在规定的压力位，防止空气压缩机超压运行。

3）开机时注意电动机、压缩机的运转是否正常，有无异响，如发现不正常情况，应立即停机检查，待运转正常开机后再离开。

4）定期排放储气筒的油、水。停机后要切断总电源，并清洁整机。

职场健康与安全：

① 使用压缩空气时，不要对着自己或别人，不要对着地面或设备、车辆乱吹，以免发生安全事故。

② 储气筒的放水阀每日打开一次排除油、水。

③ 每天检查一次机油面是否在规定位置。

④ 空气滤清器约 150 天需要清洗或更换。

第五课 发动机吊机

一、发动机吊机的认识

发动机吊机用于汽车发动机需要大修或更换时，可以将发动机提起，如图 6-9 所示。

二、发动机吊机的使用

汽车发动机的吊装过程，一般步骤如下：

图 6-9　发动机吊机

1）关闭点火开关，拆下蓄电池的负极和正极电缆线，拆除蓄电池。

2）拔下发动机电子控制单元插头。

3）回收空调制冷剂，拆掉空调压缩机高低压管接头。

4）放掉冷却系统中的冷却液，拆下散热器的上下水管（和/或风扇）。

职场健康与安全：

　　冷却液若需要，就用干净的容器装；若不要，必须按环保的要求处理。

5）放出油底壳中的机油。

职场健康与安全：

　　机油的处理方式同上面冷却液。

6）拆去离合器和排气管。

7）拆去和发动机连接的其他附属件。

8）拆卸发动机支撑脚胶与横梁连接的紧固螺栓。

9）用钢索固定发动机起吊。

10）发动机安装过程与起吊过程顺序相反。

第六课　车轮动平衡机

一、车轮动平衡机的认识

1. 车轮的动平衡

　　汽车的车轮是由轮胎和轮毂组成的一个整体，如图 6-10 所示。由于制造上的原因，使这个整体各部分的质量分布不可能非常均匀。当汽车车轮高速旋转起来后，就会形成动不平衡状态，造成车辆在行驶中车轮抖动、转向盘振动的现象。为了避免这种现象或者消除已经发生的这种现象，就要使车轮在动态情况下通过增加配重的方法，使车轮各边缘部分的不平衡得到校正。这个校正的过程就是动平衡，也就是通常所说的加装平衡块。平衡块是用铅合金做成的，以 g 为单位，有 5g、10g、15g 等。

轮胎 轮毂

图 6-10　车轮

加装平衡块按位置的不同分为外挂式和内贴式两种，如图 6-11 所示。外挂式不美观，但是方便安装，内贴式较为美观。

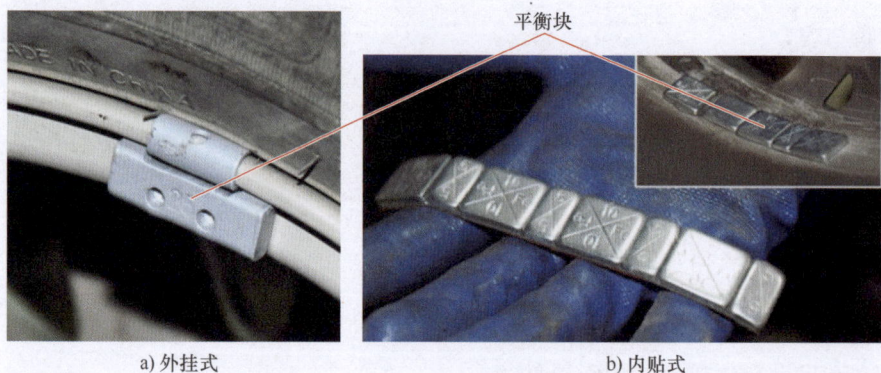

平衡块

a) 外挂式　　　　　b) 内贴式

图 6-11　平衡块的位置

2. 车轮动平衡机

车轮动平衡机是测量旋转件（转子）不平衡量大小和位置的计量设备，如图 6-12 所示。任何旋转件在围绕其轴线旋转时，由于相对轴线的质量分布不均匀，而产生离心力，这个离心力就是造成设备振动及噪声的原因。车轮动平衡机通过传感器来测量离心力的大小或离心力造成的振动位移、速度、加速度，以及测出不平衡量的位置相位。

二、车轮动平衡机的使用

车轮动平衡机的具体操作步骤如下：

图 6-12　车轮动平衡机

1）清除被测车轮上的泥土、石子和旧平衡块。

2）检查轮胎气压，必须充至规定值。

3）根据轮辋中心孔的大小选择锥体，仔细装上车轮，用大螺距螺母上紧。

4）打开车轮动平衡机电源开关，检查指示与控制装置的面板是否指示正确。

5）用卡尺测量轮辋宽度 L 和轮辋直径 D（也可从胎侧读出），用平衡机上的标尺测量轮辋边缘至机箱距离 A，再用键入或选择器旋钮对准测量值的方法，将 A、D、L 值键入指示与控制装置中。

6）放下车轮防护罩，按下起动键，车轮旋转，平衡测试开始，自动采集数据。

7）车轮自动停转或听到"嘀"声后按下停止键并操纵制动装置使车轮停转后，从指示装置读取车轮内、外不平衡量和不平衡位置。

8）抬起车轮防护罩，用手慢慢转动车轮。当指示装置发出指示（音响，指示灯亮，制动，显示点阵或显示检测数据等）时停止转动。在轮辋的内侧或外侧的上部（时钟12点位置）加装指示装置显示的该侧平衡块质量。内、外侧要分别进行，平衡块装卡要牢固。

9）安装平衡块后如果产生新的不平衡，就重新进行平衡试验，直到不平衡量小于5g，指示装置显示"00"或"OK"时方可。当不平衡量相差10g左右时，如能沿轮辋边缘前后移动平衡块一定角度，将可获得满意的效果。

10）测试结束，关闭电源开关。

三、车轮需要做动平衡的情况

车轮需要做动平衡的情况如下：

1）更换新胎或发生碰撞事故维修后。

2）前后轮胎单侧偏磨。

3）驾驶时转向盘过重或飘浮发抖。

4）直行时汽车向左或向右跑偏。

5）虽无以上状况，但出于维护目的，建议新车在驾驶3个月后，以后半年或10000km做一次。

第七课　轮胎拆装机

一、轮胎拆装机的认识

轮胎拆装机，也叫作拆胎机、扒胎机，用于安装和拆卸汽车轮胎，可以为汽车、摩托车和重型货车等不同车辆更换轮胎。轮胎拆装机是汽车维修厂和4S店必备设备，有气动式和液压式两种，最常用的是气动式。轮胎拆装机主要由主机工作台、分离臂、充放气装置和脚踏板组成，如图6-13所示。

1）主机工作台：轮胎主要是在主机工作台上被拆的，主要起到放置轮胎和旋转等作用。

2）分离臂：在拆轮胎机的一侧，主要是用来将轮胎与轮辋分离，使拆胎顺利进行。

3）充放气装置：主要用于将轮胎的气放掉，以利于拆装或向轮胎充气，另外还有测量气压的气压表。一般的轮胎为2.2个大气压，也等于0.2MPa。

4）脚踏板：在轮胎拆装机的下面有3个脚踏板开关，即顺时针逆时针旋转开关、分离夹紧开关、分离轮辋和轮胎开关。

润滑液：利于轮胎的拆装，减少轮胎拆装过程中损害，使轮胎拆装工作能更好地完成。

二、轮胎拆装机的使用

轮胎拆装机的使用步骤如下：

1）轮胎拆装机电源必须处于正常状态，非工作状态下电源处于关闭位置。内机气压处于正常压力，非工作状态下不连接风管。

2）更换轮胎之前检查轮胎框有没有变形，气门嘴有没有漏气和裂纹。

3）拧开气门嘴把轮胎气压放掉，把轮胎置于压缩臂中间，操作压缩臂使轮胎两边与轮框分离。

4）操作各开关将轮胎拆下。

5）新轮胎装上时轮胎标志向上，操作各开关装上轮胎。

6）装配完之后各开关置于关闭位置。

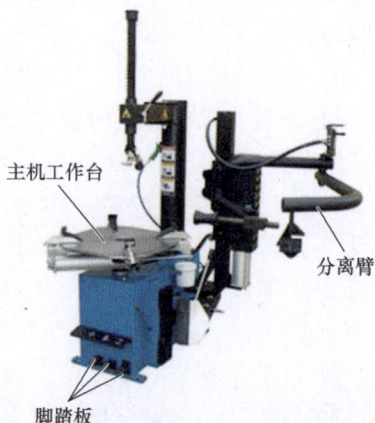
图6-13 轮胎拆装机

第八课 四轮定位仪

一、四轮定位仪的认识

汽车四轮定位仪是用于检测汽车车轮定位参数，并与原厂设计参数进行对比，指导使用者对车轮定位参数进行相应调整，使其符合原设计要求，以达到理想的汽车行驶性能，即操纵轻便、行驶稳定可靠、减少轮胎偏磨损的精密测量仪器。

四轮定位分为前轮定位和后轮定位，前轮定位包括主销后倾角、主销内倾角、前轮外倾角和前轮前束四个内容，后轮定位包括车轮外倾角和逐个后轮前束。一般情况下，新车驾驶3个月后，就应做四轮定位，之后每行驶10000km，就应轮胎换位，如果发生碰撞，应及时做四轮定位。

特斯拉3D四轮定位仪如图6-14所示。它采用3D视觉技术和空间姿态运算模型，动态跟踪目标盘进行三维姿态数据采集，通过对这些海量的姿态数据科学分析，真实还原车轮的精确姿态数据，得到需要的车辆参数，依据得到的车辆数据进行分析和调整。

二、四轮定位仪的使用

四轮定位仪的使用步骤如下：

1）将汽车开到四轮定位工位上，如图6-15所示。

2）安装后轮轮胎防滑器，如图6-16所示。

图 6-14 特斯拉 3D 四轮定位仪

图 6-15 将汽车开到四轮定位工位上

图 6-16 安装后轮轮胎防滑器

3）举升汽车到方便操作的高度，如图 6-17 所示。

4）安装靶标，如图 6-18 所示。

图 6-17 举升汽车到方便操作的高度

图 6-18 安装靶标

职场健康与安全：

尽可能保证夹具垂直。

5）将方向固定在水平位置，如图 6-19 所示。

6）开机进入"TSL"操作系统，检查靶标是否在相机视野范围内，如图 6-20 所示。

图 6-19　将方向固定在水平位置

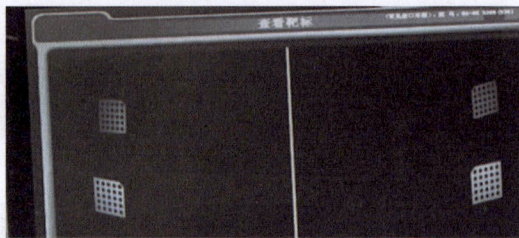

图 6-20　检查靶标是否在相机视野范围内

7）输入车辆信息——选择车型，如图 6-21 所示。

8）检查轮胎气压，如图 6-22 所示。

图 6-21　输入车辆信息——选择车型

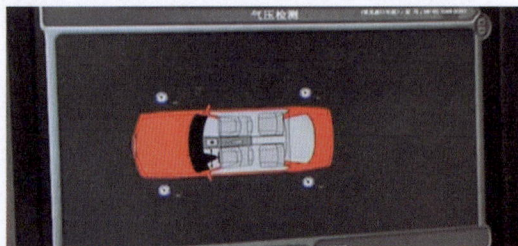

图 6-22　检查轮胎气压

9）拿掉防滑垫，按指示灯或电子控制单元引导向后推车，出现"STOP"后停止推车，如图 6-23 所示。

10）按指示灯或电子控制单元引导向前推车，出现"STOP"后停止推车。

11）按"零"键进入主销角度测量，如图 6-24 所示。

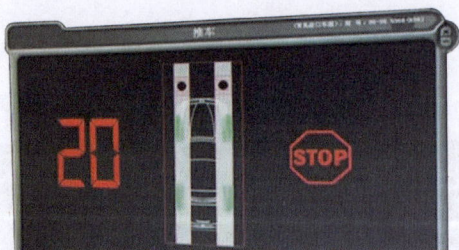

图 6-23　向后推车，出现"STOP"后停止推车

图 6-24　按"零"键进入主销角度测量

12）拔掉转盘插销，移开过渡板，如图 6-25 所示。

13）按指示灯或电子控制单元的引导转动方向，如图 6-26 所示。

图 6-25　拔掉转盘插销，移开过渡板

图 6-26　按指示灯或电子控制单元的引导转动方向

14）程序自动进入"测量结果"界面，如图 6-27 所示。

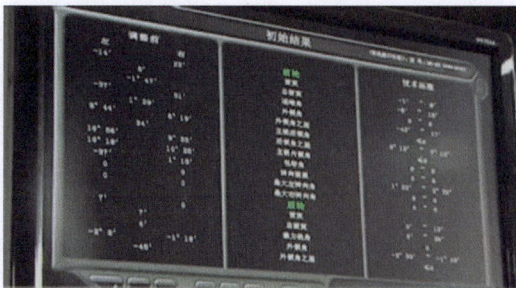

图 6-27　程序自动进入"测量结果"界面

15）按下一步程序进入"后轮调整"程序，如图 6-28 所示。

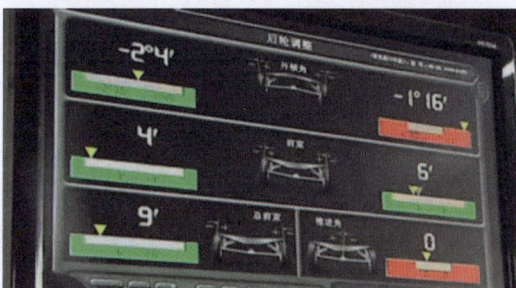

图 6-28　按下一步程序进入"后轮调整"程序

16）按下一步程序进入"前轮调整"程序，如图 6-29 所示。

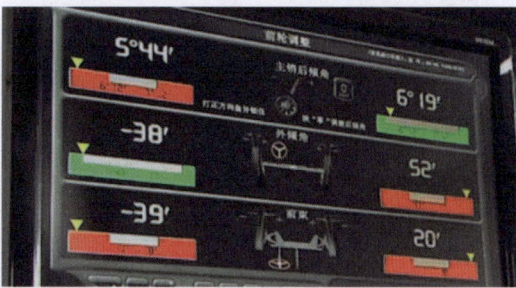

图 6-29　按下一步程序进入"前轮调整"程序

17）按下一步程序进入调整后数据报表，如图 6-30 所示。

18）按保存键保存数据，如图 6-31 所示。

图 6-30　按下一步程序进入调整后数据报表

图 6-31　按保存键保存数据

任务实施

任务一　举升汽车

1. 任务目的描述

1）掌握举升机的使用方法。

2）能在老师的指导下举升汽车，练习举升机的使用。

3）能积极主动参与任务，能与小组成员团结协作，能执行实训室"6S"的规定。

2. 任务准备

1）知识准备。

完成项目六第一课举升机的学习。

2）设备准备。

汽车、举升机、演示课件（或操作视频）。

3. 任务步骤

1）老师演示或播放视频：举升机的使用。

2）学生练习举升机的使用（或老师演示时同步练习），并完成《汽车维修技能基础工作页》相应部分内容的填写。

举升汽车练习，练习内容包括举升汽车和降落汽车两个过程。

4. 任务评价

任务评价内容及标准见表6-1。

表6-1　任务评价内容及标准

序号	项目	操作内容	分值	评分标准	得分
1	准备	清点工具、清理工位	5分	酌情扣分	
2	调整	支角胶垫接触底盘支撑部位	15分	操作不当扣1~15分	
3	举升	举升汽车	10分	操作不当扣1~10分	
4	检查	检查汽车支撑稳定情况	10分	操作不当扣1~10分	
5	再次举升	再次举升汽车到所需高度	10分	操作不当扣1~10分	
6	去保险	拉出保险锁销	15分	操作不当扣1~15分	
7	降落	降落汽车	10分	操作不当扣1~10分	
8	完成时间	40min	10分	超时1~5min扣1~5分 超时5min以上扣10分	
9	安全文明	无安全隐患，无不文明操作	5分	未达标扣1~5分	
10	结束	工具清洁归位	5分	漏一项扣1分，未做扣5分	
		工作场地清洁	5分	清洁不彻底扣1~5分，未做扣5分	
		总分	100分		

任务二　拆装车轮总成

1. 任务目的描述

1）掌握车轮总成的拆装过程。

2）能在老师的指导下拆装车轮总成，练习轮胎套筒和千斤顶的使用。

3）能积极主动参与任务，能与小组成员团结协作，能执行实训室"6S"的规定。

2. 任务准备

1）知识准备。

完成项目三第二课专用工具及使用方法和项目六第二课千斤顶的学习。

2）设备准备。

汽车、轮胎套筒、千斤顶、演示课件（或操作视频）。

3. 任务步骤

1）老师演示或播放视频：车轮总成的拆装。

2）学生练习车轮总成的拆装（或老师演示时同步练习），并完成《汽车维修技能基础工作页》相应部分内容的填写。

拆装车轮总成，内容包括把车轮总成从汽车上拆卸下来和把车轮总成安装到汽车上。

4. 任务评价

任务评价内容及标准见表6-2。

表6-2　任务评价内容及标准

序号	项　目	操作内容	分值	评分标准	得分
1	准备	清点工具、清理工位	5分	酌情扣分	
2	拆卸	拧松轮胎所有的紧固螺母	15分	操作不当扣1~15分	
		举升汽车，拧下所有的紧固螺母，卸下车轮总成	15分	操作不当扣1~15分	
3	检查	检查车轮总成	10分	操作不当扣1~10分	
4	安装	预紧轮胎所有的紧固螺母	15分	操作不当扣1~15分	
		轮胎落地，拧紧轮胎所有的紧固螺母	15分	操作不当扣1~15分	
5	完成时间	40min	10分	超时1~5min扣1~5分 超时5min以上扣10分	
6	安全文明	无安全隐患，无不文明操作	5分	未达标扣1~5分	
7	结束	工具清洁归位	5分	漏一项扣1分，未做扣5分	
		工作场地清洁	5分	清洁不彻底扣1~5分，未做扣5分	
		总分	100分		

任务三　蓄电池车下充电

1. 任务目的描述

1）掌握蓄电池充电机的使用方法。

2）能对蓄电池进行车下充电。

3）能积极主动参与任务，能与小组成员团结协作，能执行实训室"6S"的规定。

2. 任务准备

1）知识准备。

完成项目六第三课充电机的学习。

2）设备准备。

蓄电池、充电机、演示课件（或操作视频）。

3. 任务步骤

1）老师演示或播放视频：蓄电池车下充电。

2）学生练习蓄电池车下充电（或老师演示时同步练习），并完成《汽车维修技能基础工作页》相应部分内容的填写。

4. 任务评价

任务评价内容及标准见表 6-3。

表 6-3　任务评价内容及标准

序号	项　目	操作内容	分值	评分标准	得分
1	准备	清点工具、清理工位	5 分	酌情扣分	
2	选择	选择充电电压和充电电流	15 分	操作不当扣 1~15 分	
3	连接	连接充电机和蓄电池之间的充电线	15 分	操作不当扣 1~15 分	
4	打开	打开充电机电源开关	10 分	操作不当扣 1~10 分	
5	关闭	充电完毕，关闭充电机电源开关	10 分	操作不当扣 1~10 分	
6	拆下	拆下充电机到蓄电池之间的充电线	10 分	操作不当扣 1~10 分	
7	归零	电压、电流选择开关旋到"0"位	10 分	操作不当扣 1~10 分	
8	完成时间	40min（充电时间以蓄电池为准）	10 分	超时 1~5min 扣 1~5 分 超时 5min 以上扣 10 分	
9	安全文明	无安全隐患，无不文明操作	5 分	未达标扣 1~5 分	
10	结束	工具清洁归位	5 分	漏一项扣 1 分，未做扣 5 分	
		工作场地清洁	5 分	清洁不彻底扣 1~5 分，未做扣 5 分	
		总分	100 分		

任务四　车轮总成动平衡

1. 任务目的描述

1）掌握车轮动平衡机的使用方法。

2）能按流程规范实施车轮总成的动平衡。

3）能积极主动参与任务，能与小组成员团结协作，能执行实训室"6S"的规定。

2. 任务准备

1）知识准备。

完成项目六第六课车轮动平衡机的学习。

2）设备准备。

车轮总成、轮胎动平衡机、演示课件（或操作视频）。

3. 任务步骤

1）老师演示或播放视频：车轮动平衡机的使用。

2）学生练习车轮动平衡机的使用（或老师演示时同步练习），并完成《汽车维修技能基础工作页》相应部分内容的填写。

车轮总成动平衡，内容包括拆除旧的平衡块并安装新的平衡块。

4. 任务评价

任务评价内容及标准见表6-4。

表6-4　任务评价内容及标准

序号	项　目	操作内容	分值	评分标准	得分
1	准备	清点工具、清理工位	5分	酌情扣分	
2	操作	拆掉旧的平衡块	35分	操作不当扣1~35分	
		安装新的平衡块	35分	操作不当扣1~35分	
3	完成时间	40min	10分	超时1~5min扣1~5分 超时5min以上扣10分	
4	安全文明	无安全隐患，无不文明操作	5分	未达标扣1~5分	
5	结束	工作场地清洁	10分	清洁不彻底扣1~5分，未做扣5分	
		总分	100分		

任务五　拆装轮胎

1. 任务目的描述

1）掌握轮胎拆装机的使用方法。

2）能按流程规范拆装轮胎。

3）能积极主动参与任务，能与小组成员团结协作，能执行实训室"6S"的规定。

2. 任务准备

1）知识准备。

完成项目六第七课轮胎拆装机的学习。

2）设备准备。

车轮总成、轮胎拆装机、轮胎安装杆、轮胎装卸撬杆、常用工具、气压表、演示课件（或操作视频）。

3. 任务步骤

1）老师演示或播放视频：拆装轮胎。

2）学生练习拆装轮胎（或老师演示时同步练习），并完成《汽车维修技能基础工作页》相应部分内容的填写。

拆装轮胎，拆装内容包括从轮辋上拆下轮胎和把轮胎安装到轮辋上。

4. 任务评价

任务评价内容及标准见表6-5。

表6-5 任务评价内容及标准

序号	项 目	操 作 内 容	分值	评 分 标 准	得分
1	准备	清点工具、清理工位	5分	酌情扣分	
2	拆卸	从轮辋上拆下轮胎	25分	操作不当扣1~25分	
3	检查	检查轮胎	20分	操作不当扣1~20分	
4	安装	把轮胎安装到轮辋上	25分	操作不当扣1~25分	
5	完成时间	40min	10分	超时1~5min扣1~5分 超时5min以上扣10分	
6	安全文明	无安全隐患，无不文明操作	5分	未达标扣1~5分	
7	结束	工具清洁归位	5分	漏一项扣1分，未做扣5分	
		工作场地清洁	5分	清洁不彻底扣1~5分，未做扣5分	
		总分	100分		

任务六　使用四轮定位仪

1. 任务目的描述

1）掌握四轮定位仪的使用方法。

2）能按流程规范使用四轮定位仪。

3）能积极主动参与任务，能与小组成员团结协作，能执行实训室"6S"的规定。

2. 任务准备

1）知识准备。

完成项目六第八课四轮定位仪的学习。

2）设备准备。

汽车、举升机、四轮定位仪、演示课件（或操作视频）。

3. 任务步骤

1）老师演示或播放视频：四轮定位仪的使用。

2）学生练习四轮定位仪的使用（或老师演示时同步练习），并完成《汽车维修技能基础工作页》相应部分内容的填写。

4. 任务评价

任务评价内容及标准见表6-6。

表6-6　任务评价内容及标准

序号	项　目	操作内容	分值	评分标准	得分
1	准备	清点工具、清理工位	5分	酌情扣分	
2	车辆到位	将汽车开到四轮定位工位上	5分	操作不当扣1~5分	
3	安装	安装后轮轮胎防滑器	5分	操作不当扣1~5分	
4	举升汽车	举升汽车到方便操作的高度	5分	操作不当扣1~5分	
5	安装	安装靶标	5分	操作不当扣1~5分	
6	固定	将方向固定在水平位置	5分	操作不当扣1~5分	
7	开机	开机进入"TSL"操作系统	10分	操作不当扣1~10分	
8	检测前轮	检测前轮定位参数	15分	操作不当扣1~15分	
9	检测后轮	检测后轮定位参数	15分	操作不当扣1~15分	
10	保存	保存检测数据	5分	操作不当扣1~5分	
11	完成时间	40min	10分	超时1~5min扣1~5分 超时5min以上扣10分	
12	安全文明	无安全隐患，无不文明操作	5分	未达标扣1~5分	
13	结束	工具清洁归位	5分	漏一项扣1分，未做扣5分	
		工作场地清洁	5分	清洁不彻底扣1~5分，未做扣5分	
	总分		100分		

巩固与提高

一、填空题

1. 常见的举升机有两柱式举升机、＿＿＿＿＿＿举升机、剪式举升机和＿＿＿＿＿＿举升机等。

2. 汽车千斤顶按照工作原理可分为＿＿＿＿＿＿千斤顶和＿＿＿＿＿＿千斤顶两种。

3. 充电机是蓄电池＿＿＿＿＿＿的主要设备。

4. 电动空气压缩机是将电动机的＿＿＿＿＿＿转换成气体＿＿＿＿＿＿的装置。

5. 动平衡就是通常所说的＿＿＿＿＿＿。

6. 轮胎拆装机也叫作拆胎机、扒胎机，用于＿＿＿＿＿＿和＿＿＿＿＿＿汽车轮胎。

7. 四轮定位分为＿＿＿＿＿＿定位和＿＿＿＿＿＿定位，汽车四轮定位仪是用于检测汽车＿＿＿＿＿＿的精密测量仪器。

二、判断题

1. 汽车千斤顶只能举升起千斤的重量。　　　　　　　　　　　　　　　（　　　）

2. 汽车千斤顶接触底盘部位可以不用区分。　　　　　　　　　　　　　（　　　）

3. 蓄电池充电时，充电机的正极接蓄电池的负极。　　　　　　　　　　（　　　）

4. 在进行轮胎动平衡时，需要提前清除轮胎中的异物。　　　　　　　　（　　　）

5. 在进行汽车四轮定位前，轮胎气压应符合规定值。　　　　　　　　　（　　　）

三、单项选择题

1. 6-QW-54a 蓄电池选用的充电电压是（　　）。

A. 6V   B. 12V   C. 24V   D. 36V

2. 6-QA-70A 蓄电池补充充电第一阶段的充电电流大小为（　　）。

A. 3.5A   B. 5A   C. 7A   D. 14A

3. 空气压缩机压缩空气不能用于（　　）。

A. 吹人   B. 轮胎充气   C. 喷漆   D. 吹洗零件

4. 车轮动平衡使用的设备是（　　）。

A. 千斤顶   B. 轮胎拆装机

C. 四轮定位仪   D. 车轮动平衡机

四、简答题

1. 简述举升机的安全操作规程。

2. 简述汽车发动机的吊装过程。

3. 简述车轮需要做动平衡的情况。

4. 简述轮胎拆装机的使用步骤。

参 考 文 献

［1］胡胜. 汽车发动机构造与维修［M］. 北京：机械工业出版社，2019.

［2］胡胜. 汽车底盘构造与维修［M］. 北京：机械工业出版社，2018.

［3］王升平，胡胜，姚建平. 汽车电气设备构造与维修［M］. 北京：机械工业出版社，2020.

［4］庞志康，徐利琦. 汽车维修技能基础［M］. 北京：机械工业出版社，2019.

［5］高宏超，冯津. 汽车维修工量具使用及钳工基础技能训练［M］. 北京：机械工业出版社，2019.